証券市場の基礎知識

坂下　晃
外島 健嗣　著
田村香月子

晃 洋 書 房

はしがき

　2008年9月の米国のリーマン・ショックに端を発した世界的な金融危機は，各国の金融・資本市場と世界経済に大きな影響をもたらした．サブプライム・ローンに内在するリスクが証券化の手法により世界中にばらまかれ，リーマン・ブラザーズの破綻により，危機が地球規模で拡がり世界の金融市場は機能麻痺に陥ったのである．借金を原資にリスク投資を加速するレバレッジ，短期収益追求と高額報酬，信用の連鎖という金融資本主義は自壊した．さらに，本来は私企業である投資銀行や保険会社の倒産を，金融システム，経済，雇用，社会不安等に対する影響が大きすぎるため，「大き過ぎてつぶせない」として，さらに，カウンターパーティ・リスクが大きくなることによる金融システムの崩壊への危機感から，「つながりすぎていてつぶせない」として，結果的に公的資金による救済というモラルハザードに陥った．

　20カ国・地域（G20）の首脳会議は国際協調により，世界大恐慌に陥ることを防ぐのに懸命に努力を傾けた．先進国と新興国は，まずは，信用収縮を防ぐため為替市場へのドルの供給と短期金融市場に巨額の流動性供給を行い，続いて大規模な財政・金融面での景気刺激策で協調行動を採り，「100年に一度」といわれる金融危機が「大恐慌」に至るのをひとまずは防いだのである．

　金融危機への反省から各国の政策はレーガン・サッチャー以来の「金融自由化・規制緩和」や「市場原理主義的経済政策（政府の介入を排して市場経済に任せればすべてうまくいく）」から「規制重視」の方向に転じつつある．オバマ米国大統領は，2010年1月に金融規制の改革案を発表したが，経済再生諮問会議のボルカー議長（元FRB議長）にちなんだ「ボルカー・ルール」といわれる米国の新規制案の根底には金融機関の巨大化とリスクのとりすぎが金融危機を招き，納税者に負担を強いたという反省があるといわれる．これに対して欧州諸国は伝統

的にユニバーサルバンクのため慎重な姿勢を見せており，今後，グローバルな次元での金融規制のあり方が議論されることになろう．

　日本においては1998年の金融ビッグバン以来，数次にわたり金融システムの改革が行われてきた．2002年の「金融システムと行政の将来ビジョン」ではグローバルな視点で整合性を得るべく，市場型金融による金融仲介と銀行部門の預金・貸出を通じた金融仲介がバランスとることによる複線的な金融システムの構築が指向された．今次の金融危機の影響は金融システムに対しては欧米に比べて安定していたといわれるものの，先進国の地位低下と新興国の台頭で日本経済の見通しは不透明で，経済や雇用に深刻な問題が生じており，巨額な公的債務残高，持続的な経済成長の実現という課題が解決されないままでいる．

　「100年に一度」の金融危機というのは，勿論，1929年のウオール街に端を発した世界恐慌以来という意味であるから，今後，第二次大戦後の金融制度の見直しが議論されることになろう．この歴史的ともいえる転換期に，たまたま遭遇した「金融・証券を学ぶ者」にとっては，皮肉な言い方ではあるが，まさに，「100年に一度」に質量揃った絶好の勉学材料が提供されていることになるわけである．また，少子高齢化が進展する中で，国民の資産運用についても重要性が高まっているが，資産運用にあたっては「リスクとリターン」についての認識を持ち，「自己責任原則」に立脚することが求められている．「金融・証券を学ぶ者」にとっては，リーマン・ショック以降の様々な金融・資本市場を巡る諸問題や資産運用にかかわる課題を究明しなければならないが，そのためには証券市場や資産運用に関する基礎的な知識・理論の学習が不可欠である．

　本書の執筆者3名は，市場型金融の中心である証券市場について，大学で「証券市場論」，「証券論」等の科目名で教鞭を執っている．様々な制度改革が相次ぎ，金融変革の中で生ずる様々な現象を学生が理解しようとするとき，必ず必要になるのが証券市場に関する基礎的な知識・理論を学ぶことである．我々3名はその必要性を痛感し，そのためのテキストとして本書を作成したものである．ただし，その源流は1989年発行の『証券論25講』に求めることが

できる．書名は2003年から『証券論15講』に変わったが，当初の執筆者である故山下保，杉江雅彦，故神木良三，坂下晃の4名が共通の師ともいうべき故住之江佐一郎先生との絆によって手がけたものである．その後，数名の新進気鋭の若手学者も参加してきたが，その中には外島健嗣がいた．本書は，新たに田村香月子の参加をえて，2006年の金融商品取引法制定を初めとする制度改革，前述のリーマン・ショック以降の金融の変革や資産運用の課題をわかりやすく学習するため，書名を『証券市場の基礎知識』と変更して再出発したものである．

　本書は，『証券論25講』以来，晃洋書房の上田芳樹社長の暖かいご理解のもとに，同社編集部丸井清泰氏の熱意と我慢強い叱咤激励により世に出たものである．深甚なる感謝の意を表したい．

　2010年3月

執筆者を代表して

坂 下　　晃

目　　次

はしがき

第1章　国民経済と証券市場　　1
1　証券の定義と機能　(1)
2　金融商品取引法上の有価証券　(3)
3　資金の循環と証券市場　(5)
4　株式会社制度と証券市場　(10)

第2章　欧米の証券市場発展の歩み　　15
1　株式会社の誕生とチューリップ・バブル　(15)
2　イギリス証券市場の発展の歩み　(15)
3　アメリカ証券市場の発展の歩み　(18)

第3章　日本の証券市場発展の歩み　　25
1　明治から戦後までの日本の証券市場　(25)
2　戦後復興期からバブル期の証券市場　(27)
3　金融ビッグバンと21世紀の証券市場　(31)

第4章　株式発行市場　　37
1　発行市場と流通市場　(37)
2　株式の種類と発行形態　(37)
3　株式公開市場　(42)
4　公開価格の決定方式　(44)

第5章　株式流通市場 ……………………………………………… 49
　　1　証券取引所における売買制度　　(49)
　　2　信用取引　　(53)
　　3　株式所有構造　　(54)
　　4　証券取引所と市場間競争　　(56)
　　5　投資指標　　(58)

第6章　ベンチャー企業と株式市場 ……………………………… 63
　　1　ベンチャー企業　　(63)
　　2　エンジェルとベンチャーキャピタル　　(64)
　　3　新興株式市場　　(68)

第7章　公社債発行市場 …………………………………………… 77
　　1　公社債の種類と特徴　　(77)
　　2　公社債発行市場　　(83)
　　3　債券発行の方法　　(85)
　　4　公社債と格付け　　(87)

第8章　公社債流通市場 …………………………………………… 91
　　1　公社債流通市場　　(91)
　　2　取引所取引　　(94)
　　3　店頭取引　　(95)
　　4　公社債の利率と利回り　　(96)
　　5　現先取引　　(97)

目　次　vii

第9章　投資信託 …………………………………………… 103

1　仕組みと特徴　(103)

2　分類と主要商品　(105)

3　ディスクロージャーとコスト　(112)

4　現状と課題　(115)

第10章　デリバティブ市場 ………………………………… 119

1　デリバティブ　(119)

2　先物取引の仕組み　(120)

3　オプション取引の仕組み　(124)

4　その他のデリバティブ　(128)

第11章　証券化商品市場 …………………………………… 131

1　証券化商品とは　(131)

2　証券化商品の種類と市場　(135)

3　証券化にともなうリスクと信用補完　(140)

4　サブプライム・ローン問題にみる課題　(142)

第12章　市場仲介者 ………………………………………… 147

1　仲介者の機能　(147)

2　ホールセールとリテール　(150)

3　インターネット証券　(153)

4　投資銀行業務　(155)

5　証券会社経営の課題　(157)

第 13 章　資産管理業務 ……………………………………… 163

1　貯蓄から投資へ　（163）

2　個人金融資産の構成　（164）

3　金融商品の選択　（165）

4　資産管理業務　（169）

5　外務員制度　（172）

第 14 章　投資者保護とディスクロージャー ……………… 181

1　投資者保護とは　（181）

2　ディスクロージャー制度　（183）

3　不公正取引規制　（188）

4　金融商品取引法　（192）

第 15 章　証券投資の理論 …………………………………… 195

1　証券投資のリスクとリターン　（195）

2　リスクと分散投資　（197）

3　ポートフォリオ理論　（199）

4　CAPM　（203）

索　　引　（207）

第1章 国民経済と証券市場

1 証券の定義と機能

「証券」という言葉は，私たちの日常生活において権利や義務に関する事実を記載した書面という意味で広範囲に使用されているが，法律的な概念では証拠証券と有価証券に区分される．証拠証券のうち，特殊な効力をもつものとして免責証券がある．

証拠証券は，一定の事実を証明する証券である．すなわち，ある特定の法律関係の存否，内容を単に証明するのに役立つ証券であり，証券の有無が法律関係の存否，内容を左右するものではない．金銭借用書・領収書・保険証券等がこれに該当する．免責証券は，証券の所持人が正当な権利者でなくても，債務者に悪意または重大な過失がない限り，債務者が証券の所持人に対して行った給付によって債務を免れうる効力をもつ証券をさし，預金証書，携帯品預かり証・下足札等がこれにあたる．

有価証券は，一定の財産権（権利・権限・地位）を表象する証券である．有価証券は，無形の私権を紙片に化体させることによって，権利の所在を明確にするとともに，権利の行使と移転を安全かつ確実にする機能を有する．これまで，このように有価証券は権利の化体した文書が作成され存在することとされてきたが，証券の電子化等の進展で実体的には有価証券の移転，権利の行使に文書は必須のものではなくなった．

有価証券を経済的機能からみると，表1-1のように分類される．

表 1-1 有価証券の分類

有価証券の種類	内容	具体例
① 商品（物財）証券	有価証券を預託した商品に対する請求権を化体する有価証券であり，商品の受渡をもって証券の生命は消滅する．	倉庫証券，船荷証券等
② 貨幣証券	一定額の貨幣に対する請求権を表象する有価証券であり，振出人が証券記載の金額を支払ったときに証券の生命は消滅する．	手形，小切手等
③ 資本証券	一定額もしくは一定持ち分の資本を表示して出資者の権利を化体し，あらかじめ定められた一定期間もしくは発行体が存続する限り証券の生命は消滅しない．	株券・社債券・国債等

　一般的には，資本証券をさして「有価証券」または「証券」と呼ぶことが多い．
　資本証券は，資本を多数の少額な代替的単位に細分して，各単位に証券の形態をもたせるという代替性，分割性により資本集中機能を，証券に譲渡性を付与するという自由譲渡性により資本流動化機能を持つ．その結果として不特定多数の者から総和として大量の資本を一時に集中することが可能になる．
　資金の提供者である投資者は，資力の大小に応じて任意の額を投資することができ，また，資金の調達者である企業等は広範囲の多数の投資家から零細な遊休資金を集め，総和として巨額の資金を一時に調達することができる．このことを「資本の証券化」という．その逆に，証券の所有者は，資金の必要が生じたときは，容易に転売して資金の回収ができる．このことを「証券の資本化」という．
　企業が証券を発行して調達した資本は，生産設備等に投資され，稼働して収益を生み出す．そのため，企業は資本を出来るだけ多くそれも長期に安定的に調達したいという希望がある．一方，その証券を購入した投資者は，出来るだけ少額でそれも短期間に回収出来るようにしたいという希望がある．しかし，当該企業等から回収するのは生産設備として稼働しているから不可能である．このように資本の調達・提供を巡っては，企業等と投資者の間に質的・量的な

矛盾が存在する．

この矛盾は証券市場の存在によって解決することが出来る．証券市場で投資者は，所有している証券を第三者に譲渡して資本の回収を図ろうとする．それには多くの買い手と売り手が参加する証券市場が必要になるわけである．

2 　金融商品取引法上の有価証券

日本では法体系の違いから，米国・連邦証券法のように「投資契約，……その他一般に『証券』といわれるすべての権利または証券が広く「証券」と定義されている」として有価証券を包括条項で規定するのではなく，有価証券を限定列挙し，その適用範囲の有価証券に対して投資者保護の網がかけられることになっている．しかしながら，金融のグローバル化による海外の証券化商品の持ち込みや金融の証券化（「第11章 証券化商品市場」参照）の進展により有価証券の定義は拡大してきた．投資家保護を図るために証券取引法上の有価証券の定義を拡大しなければならなかったのである．最近における法改正の経緯を概観すると次のとおりである．

1992年の証券取引法の改正では，CP，海外CP，CARDs，住宅ローン債権信託の受益権が追加されるとともに，この改正で証券や証書として紙券の形で表されていない権利についても有価証券と見なされるようになった

1998年の金融システム改革法では，「投資対象の拡大」という要請に応えて，資産流動化のための特定目的会社（SPC）が発行する資産担保証券，外国投資信託の受益証券，投資法人（いわゆる会社型投資信託）の投資証券，外国投資証券，カバード・ワラント，預託証券（DR）が追加された．

2004年の証券取引法の改正では，投資事業有限責任組合契約にもとづく権利，投資事業有限責任組合契約に類似する組合契約にもとづく権利等が追加された．

2006年の金融商品取引法（以下「金商法」という．「第14章 投資者保護とディスク

ロージャー」参照）では，証券取引法上の「有価証券」，「デリバティブ取引」の範囲を拡大し，また，金融先物取引法，外国証券業者に関する法律，投資信託及び投資法人に関する法律の一部を証券取引法に取り込み，法律名を「金融商品取引法」と変更した．「投資」について横断的・包括的な規制を及ぼすため，組合その他の契約を利用したファンド（集団投資スキーム）に規制を及ぼすとともに，抵当証券，信託受益権，商品ファンド等を追加している．

　金商法では，有価証券概念とデリバティブ取引（金融商品・金融指標の先物取引，オプション取引，外為証拠金取引，新型デリバティブ・スワップ等）という2つの概念を用いて金商法の適用範囲を定めている．この適用範囲にかかる取引を規制しようとするものである．

　有価証券の概念では第2条第1項で私法上の有価証券を掲げ，同条第2項前段で私法上の有価証券に表示されるべき権利について有価証券が発行されていない場合においても当該権利を有価証券と見なし，同項後段で証券または証書に表示されるべき権利以外の権利であっても有価証券と見なしている．

　① 証券発行のあるもの（法2条1項）

　国債，地方債，特別の法律により法人の発行する債券，資産流動化法に規定する特定社債証券，社債券，特別の法律により設立された法人発行の出資証券，「協同組織金融機関の優先出資に関する法律」に基づく優先出資証券，資産流動化法に基づく優先出資証券または新優先出資引受権を表示する証券，株券または新株予約権証券，投資信託または外国投資信託の受益証券，投資証券もしくは投資法人債券または外国投資証券，貸付信託の受益証券，資産流動化法に規定する特定目的信託の受益証券，信託法による受益証券発行信託の受益証券，コマーシャル・ペーパーのうち内閣府令で定めるもの，抵当証券，外国または外国の者の発行する証券または証書，外国の者の発行する証券または証書で貸付債権を信託する信託受益権，カバード・ワラント，預託証券，その他政令で定める証券または証書

② 証券の発行は可能だが，発行されていない権利で，有価証券とみなされるもの（有価証券表示権利）（法2条2項前段のみなし有価証券）

振替国債，振替社債，株券不発行の株式（振替株式を含む），単元未満株式で株券が発行されていないもの，証券不発行の新株予約権

③ ②以外のもので，証券発行がないが，有価証券とみなされる権利（2条2項後段のみなし証券）

信託の受益権，外国の者に対する権利で信託の受益権の権利の性質を有するもの，合名・合資会社又は合同会社の社員権，外国法人の社員権で合名・合資会社又は合同会社の社員権の権利の性質を有するもの，集団スキーム持分，集団スキーム持ち分の権利に類する外国の法令に基づく権利，その他政令で定める権利

3　資金の循環と証券市場

(1)　金　融

経済を人間の身体に例えると，金融は身体の隅々に酸素を運ぶ血液だといわれる．日銀の資金循環表における経済主体には，家計，公共，法人企業，海外，金融の5セクターがあり，これを経済主体という．

このうち，家計部門を見ると収入が消費を上回るのが一般的であるところから恒常的に黒字主体であるとみられる．一方，資金不足となる赤字主体は公共と法人企業部門である．公共部門は，かって，高度経済成長時代とは異なり近年の日本では，政府は税収不足を国債発行で補っており，資金不足部門に陥っている．また，法人企業部門は投資が貯蓄を上回るのが通常であるので資金不足部門の代表例となる．

「金融」とはお金が余っている資金余剰部門（黒字主体）からお金が不足している資金不足部門（赤字主体）にお金が流れること，お金を融通することをいう．

金融市場では，資金の取引が行われるが，市場取引は狭義の市場取引といわ

れる不特定多数の参加者が取引する市場型取引と，銀行が個人や企業と取引する相対型取引に分けられる．

市場型取引は，取引の契約期間により1年以内の短期金融市場，1年超の長期金融市場及び外国為替市場により構成される．このうち，短期金融市場には，銀行などの金融機関に参加者が限定されるコール市場および手形市場からなるインターバンク市場と，企業も参加できる債券現先市場，CP (Comercial Paper：コマーシャル・ペーパー) 市場，CD (Negotiable Certificate of Deposit：譲渡性預金) 市場，TB (Treasury Bill：短期国債) 市場，FB 市場 (Financing Bill：政府短期証券) などのオープン市場に区分される．

長期金融市場は株式市場，公社債市場と先物・オプションの派生証券市場に区分される．

（2） 直接金融と間接金融

国民経済の成長発展には，資金が資金余剰部門から資金不足部門へ円滑に移転することが必要であり，この資金移転によって，一経済主体の貯蓄では賄えない資金を集めることができ，巨額な投資が行えるようになるのである．そのため金融システムが効率的に機能するかが重要な問題になる．そこで，ガーレイ＝ショウ（T. G. Gurley & E. S. Shaw）の分類にしたがって，資金余剰部門から資金不足部門へ資金を融通するルートを直接金融と間接金融に分類して概観してみよう（図1-1）．

直接金融とは，資金不足部門である公共や法人企業が，本源的証券（直接証券ともいう．株式や公社債等）を発行して資金余剰部門（資金の最終の出し手）である家計から証券市場を通じて資本を調達する方式をいう．直接金融では証券市場という価格メカニズムが働くマーケットで，証券の売買という形態をとりながら資金の需給量によって資金コストが決まるので，市場型取引の典型とされている．

間接金融方式は，資金余剰部門（最終的な貸手）が銀行などの金融仲介機関に預貯金や保険掛け金という形でお金を預け，金融仲介機関は間接証券である預

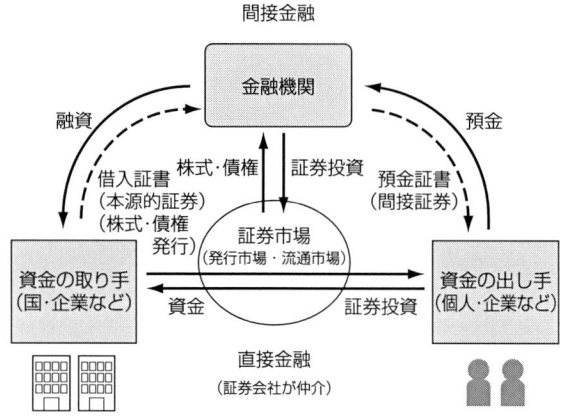

図 1-1　直接金融と間接金融

表 1-2　直接金融と間接金融の対比

	直接金融	間接金融
資金の調達	企業等の資金不足部門が，株式，債券等の証券を発行して，資金余剰部門である家計から直接調達する	金融機関が資金余剰部門である家計から資金を集めて，資金不足部門である企業等に貸し付ける
リスク	資金の出し手である家計が負担	金融機関が負担
仲介機能	市場仲介者としての証券会社	金融仲介者としての金融機関

金証書（預金証書など銀行に対する請求権）を発行する．金融仲介機関は，プールしたお金を資金不足部門である公共や法人企業に貸し付け，企業の発行する本源的証券（直接証券ともいう．金融機関以外が発行する債務証書）を取得する．ここで，貸し付けた企業の信用リスクは銀行が負担する．お金の借手と貸手が期間や条件について必ずしも一致しない．そのため，金融仲介者といわれる銀行が必要になる（**表 1-2**）．

　銀行の金融仲介機能には，情報生産機能，リスク負担機能，資産変換機能がある．間接金融では金融仲介機関と借り手である資金不足部門は個別交渉によ

る資金の貸借が行われるが，これを相対取引という．これに対し，証券市場の経済機能には価格発見機能，取引執行・決済機能，取引証券選別機能，価格・取引情報公表機能があるといわれる（「第12章 市場仲介者」参照）．

　価格発見機能とは証券市場で形成される価格が市場経済のシグナルとして重要な情報を発信するということを意味し，証券市場にとって最重要で基本的な機能である．取引執行・決済機能は，市場が取引を執行し，受渡精算を行う機能である．取引証券選別機能は，証券市場はオープン市場として様々な取引動機，保有動機を持った取引参加者が参入してくるが，市場では取引的確証券を選別している．価格・取引情報の公表機能は，価格情報や取引情報が公表されることによって，市場の流動性に厚みが増すとともに透明性が高まる．証券市場の情報が適切に伝達されることは，単に市場参加者を増加させるだけでなく，資金源泉の効率的配分を行ううえでも，重要な意義を持っている．

（3）企業金融

　企業はその活動を通じて，財やサービスを提供し，また雇用の場を提供するなど，経済活動の重要な役割を担っている．その企業が経済活動を行うには，設備資金や運転資金を調達する必要がある．企業が営業活動上必要とする資金を調達し，運用することをコーポレートファイナンス（企業金融）という．

　企業の資金調達方法を大別すると，内部資金（自己金融）と外部資金（外部金融）に分けることができる．内部資金は企業が事業活動等を通じて生み出した利益から，税金，配当金，役員報酬等の社外流出分を除いた内部留保と減価償却などである．会社内部で資金調達することができることから内部（自己）金融といわれる．内部資金は，返済や利子・配当の支払いが必要ないことから，企業財務上はもっとも安定的な資金調達手段である．

　内部資金における資金調達額は企業収益の蓄積の範囲内に限定され，また，収益動向にも左右されることから，企業の業容拡大や成長の速度をあげるためには，外部資金の導入が不可欠である．間接金融として金融機関からの借入や，

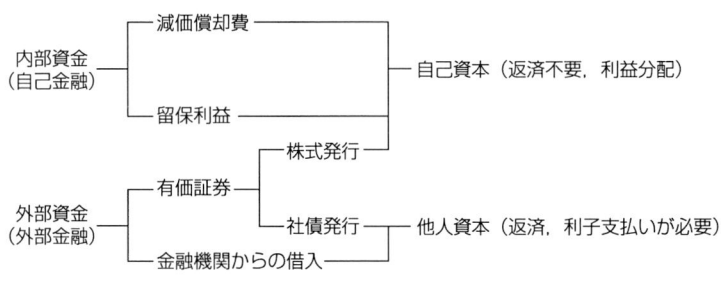

図1-2 企業の資金調達

　直接金融として株式，社債を発行することで外部から資金を調達することができる．これらは外部からの資金調達のため外部金融といわれる．金融機関借入や社債の発行は負債による資金調達である．負債による資金調達であるから，返済期限や利子は予め決まっており，もし，元利金支払いの履行ができない状況になると債務不履行として，倒産に陥ることになる．金融機関借入と社債発行は期限がきたら返済する必要があるので他人資本といわれる．これに対し，内部資金と株式発行は返済する必要がないことから自己資本といわれる（図1-2）．

　企業活動における原材料費や仕入れ先への支払い，従業員の給料等の運転資金は，比較的短期間に支払う性質の資金であるから，企業の手持ち資金や金融機関からの短期借入金でまかなうことができる．これに対し，生産設備等の設備投資資金や技術・製品の研究開発資金は巨額になり，またその回収には長期間を要する．そのため株式，社債の発行もしくは金融機関からの長期借入金に依存することになる．

　企業等が株式や社債等の証券を発行することにより資金を調達する場合，証券が発行されてから，投資者に取得されるまでの過程，言い換えると証券が新規に発行され，第一次取得者の株主の手に渡るプロセスを「発行市場」と呼んでおり，抽象的な市場である．これに対して，証券が投資者間で第一次取得者から第二次取得者，第三次取得者と，いわば中古の株式として転々と売買取引

される市場売買・流通する場が「流通市場」である．流通市場の代表例が証券取引所である．

4　株式会社制度と証券市場

　株式会社制度は，資本主義経済ないし市場経済の中核である．ここでは，まず，株式会社の発生と発展を見たうえで，証券市場とのかかわりを株式を通じて見てゆくこととする．

　株式会社の原型は，オランダ東インド会社にみられる．当初の東インド会社は，植民地貿易を盛んにするため 1 回の航海ごとに出資者を募り，航海が成功すれば収益金を出資者に配分して解散するという，当座企業としての性格を持っていた．1602 年にオランダ連邦議会が東インド会社に特許状を与えたことで英国の東インド会社よりはやく，永続的性格を持つ株式会社として誕生した．もっとも，このときの東インド会社は，現代のような完成された株式会社の形態を持つものではなかった．しかしながら，株式会社としての基本的要件の幾つかを備えていたという点で，世界最初の株式会社と評されているわけである．

　その基本的要件としては，次の点があげられる．

　①株主有限責任の原則

　それまでの会社は取締役の無限責任のもとで経営されていたが，取締役団の有限責任制，ひいては全出資者の有限責任制が敷かれるようになった．

　株主有限責任の原則とは，株主は，会社が債務を払えないからといって，株主が会社債権者に対し弁済の責任を負うことはない．株式を引き受けたときに払い込んだ金額以上のいかなる責任も負うことはないということである．

　②取締役団が会社機関として確立

　それまで，取締約を通じて間接的にしか出資していなかった一般出資者は，直接に会社に出資することになり，会社の執行機関としての取締役団が確定した．

③株式の自由譲渡性の確保

株式の自由譲渡性とは，株主は，その会社への投資を止めて，資金を回収したいと思っても，会社から払い戻しを受けることはない．投資の回収は，株式の譲渡によって図るほかないのである．

それまで，出資者の持ち分の譲渡については明文化されていなかったが，株式の譲渡が自由になり，その手続きの明白に示された．これにより，株式市場の発生がもたらされたといってよい．

その後，資本主義の発達に伴い，株式会社が続々と設立され，株式会社は資本主義の中核として，その必要資本を株式の発行によってまかなうことが通常になった．

株主には，共益権（議決権，代表訴訟請求権，取締役解任請求権，提案権，帳簿閲覧権など）と自益権（剰余金配当請求権，残余財産分配請求権，株式買取請求権など）がある．このうち，議決権は，株主が会社の最高意志決定機関である株主総会に出席して，計算書類，取締役・監査役等の役員の選・解任，会社の経営方針その他会社の重要事項について，決議に参加する権利である．株式は基本的には，株主平等の原則といわれるように誰が所有しても権利の内容に変わりはないが，議決権制限株式のような種類株式もあるところから，権限は保有する株式の種類と持ち株数によることになる．株主総会では株主の頭数によらず，議決権は投下した資本の額に比例する．過半数を取得できれば会社の支配権を取得できるところから，最近ではM＆Aに見られるように，議決権を巡って株価が形成されるとき，支配証券として評価されているという．

剰余金分配請求権は，株主が出資した資本を会社が投資して得た利益をその報酬（配当）として持ち株数に応じて配分するように求める権利である．配当金を基礎として株価が形成されているとき，利潤証券として評価されているという．配当金の収受を目的とする投資家にとって，剰余金分配請求権は重要な権利であり，配当利回り，総合利回り，株価収益率（PER）等は，配当金を基準

として，投資収益の状況や株価の位置を判断する指標として使用されている．

　残余財産分配請求権は，会社が解散するとき，債務を整理した後に残った資産があれば，持ち株数に応じて株主に分配するよう請求する権利である．ただし，会社が解散したときの残余財産分配について，扱いの異なる種類の株式を発行することもできるので，保有する株式の種類と持ち株数によることになる．会社が利益をあげているような状況では解散はあり得ないし，また，倒産により解散に至る場合は債務者への支払いが優先されて債務超過状態にあるから，分配される利益はないというのが通常である．しかし，1株あたり純資産を残余財産の代わりに用いて，株価との関連をみる株価純資産倍率（PBR）という指標は，Ｍ＆Ａ（合併・買収）の対象として企業をみる場合にも使用される．

　議決権制限株式のように，会社は，定款に定めを置けば，次のような内容の権利内容が異なる種類株式の発行が可能である．権利内容が異なる種類の株式がある場合，標準となる一般の株式を普通株式という．

- 剰余金の配当価額，配当条件等について異なる種類株式
- 残余財産の分配価額，分配条件等について異なる種類株式
- 議決権制限種類株式・無議決権種類株式
- 譲渡制限付種類株式
- 取得請求権付種類株式
- 取得条項付種類株式
- 全部取得条項付種類株式
- 拒否権付種類株式
- 取締役・監査役の選任解任権付種類株式

　また，会社は，定款に一定数の株式を1単元の株式とする旨を定めることが出来る．僅かな株式を所有する株主に対してまで，経営に関する重要な権利行使を認めることに違和感があったり，招集通知のコスト等から単元株制度によりひとくくりの株式の株主に議決権を認めるという制度である．1単元の株式

の数は，1000 株を超えて定めることは出来ない．

注
1）投資契約は，それを表象する証券または証書が発行されているかどうかにかかわらずそれ自体が「証券」となる．この規定に影響を及ぼしたのが，「証券法上の投資契約とは，ある者がその資金を共同事業に投資し，専らその推進者または第三者の努力によって生ずる利益を期待することになる契約，取引または仕組みを意味する」という連邦最高裁判所のハウイ判決である．

参考文献
岩田規久男『金融入門』岩波書店（岩波新書），1999 年．
川村正幸『金融商品取引法』中央経済社，2008 年．
川村雄介『最新 証券市場』財経詳報，2006 年．
黒沼悦郎『金融商品取引法入門』日本経済新聞社，2006 年．
佐藤昇・高橋元・相沢幸悦『入門 現代の証券市場』東洋経済新報社，1993 年．
杉江雅彦監修，坂下晃編著『証券論 15 講』晃洋書房，2003 年．
日本証券業協会・高橋文郎『新証券市場 2009』中央経済社，2009 年．
日野正晴『詳解 金融商品取引法』中央経済社，2008 年．

第2章 欧米の証券市場発展の歩み

1 株式会社の誕生とチューリップ・バブル

　株式会社の起源といわれる会社には諸説あるが，1602年に設立されたオランダ東インド会社が起源といわれている．もっとも，この当時の株式会社は，議会の特許状による特別許可で設立された株式会社であり，現代の株式会社とは異なった特徴があるが，一時的な会社ではなく，永続的企業であったため，株式会社の起源とされている．この東インド会社の株式をめぐる証券取引が活発化し，同じころ世界最初の組織的な証券取引所としてアムステルダム取引所が設立された．そこでは投機取引（デリバティブ取引）が行われるなど金融技術も発達した．そのオランダで，1630年代半ば頃にチューリップの球根を対象にした投機取引が盛んに行われ，歴史上最初の大規模なバブルであるチューリップ・バブルが発生した．しかしこのバブルは長く続かず，チューリップの球根の相場は1637年には大暴落し，バブルは崩壊した．

2 イギリス証券市場の発展の歩み

(1) イギリス証券市場の誕生とバブル

　オランダで誕生した株式会社制度は，イギリスで発展した．17世紀以降，イギリスでは株式会社設立ブームが起こり，株式仲買人も出現し，コーヒーハウスやロイヤル・エクスチェンジ（王立取引所）で取引が行われていた．そんなな

か1720年には，バブルの語源となる南海泡沫事件が起こった．これは，南海会社（South Sea Company）株式に対して投資熱が高まり株価が高騰したものの，この頃の株式会社設立ブームの中で多くの実体のない会社（泡沫会社）が設立されたこともあり，株式会社の設立を禁止する泡沫会社禁止法（バブル法）が制定されたのを契機に，南海会社株が大暴落したことをいう．

18世紀後半には，イギリスを中心に産業革命が起こり，経済が発展するに伴い経済・金融活動の中心はオランダからイギリスに移った．この頃，イギリスは大規模な戦争を相次いで行ったこともあり，戦費調達のため大量の国債が発行され，証券市場の組織化が企図された．1773年にはコーヒーハウスの新ジョナサンが正式な会員組織の取引所として誕生し，これが新建物に移転し1802年にロンドン証券取引所となった．

19世紀にはいると鉄道株ブームが起き，会社法の制定などを契機に株式会社の設立と上場が増加した．また，南米諸国やヨーロッパ諸国が相次いでロンドン証券取引所で起債を行うなど海外証券取引が活発化し，ロンドン証券取引所は世界の金融・資本市場の中心となった．証券発行や売買の増大に伴い，証券取引所の会員も増加した．会員は古くから自己勘定で売買して値付けするジョバーと顧客注文をジョバーに取次ぐブローカーに区別されたが，1909年にはこの資格分離ないし単一資格制が厳格に制度化され，1912年には最低（固定）手数料制が導入された．[1)]

（2） ビッグバン

第一次世界大戦後，イギリス経済の国際的な地位が低下したこともあり，海外証券取引は大幅に減少し，世界の金融・資本市場の中心はアメリカに移った．第二次世界大戦後も国際的地位は低下傾向にあったが，1979年に誕生したサッチャー政権による一連の改革によりイギリス証券市場は大きな変化を遂げた．サッチャー政権誕生直後に実施された為替管理撤廃により，1980年代に入ると海外証券発行及び海外証券投資は増加するなど国際化が進展した．しかし，

機関投資家の海外証券投資の注文はイギリスに進出したアメリカを中心とする外国業者が獲得するなど，国際化指向の戦略にイギリスの証券業者は対応できなかった．加えて，通信技術の進展による処理技術の高度化や機関投資家の台頭もあり，大口取引が取引所外（海外や店頭取引）で行われるなどした．そこで1986年，サッチャー首相によりビッグバンという証券市場の自由化を中心とする大改革が実施された．改革は，手数料の自由化，単一資格制の廃止（ジョバーとブローカーの兼業解禁），取引所会員への外部資本出資制限の撤廃（証券業者への資本参加自由化）などからなり，またマーケット・メーカーが提示する証券価格を集めてそれをブローカーや投資家に伝達する SEAQ (Stock Exchange Automated Quotation：証券自動伝達) と呼ばれる相場情報伝達システムが導入された．そして同年，これら改革の法的枠組みとして，金融サービス法が成立し，資産運用に関する広範囲な領域がカバーされ，利用者保護に関する規定が盛り込まれた．ただしビッグバンによりイギリス証券市場には世界中から資金が集まったが，旧取引所会員の多くは外資系金融機関等に買収されたこともあり，イギリス証券市場で活躍したのはイギリス以外の金融機関となる「ウィンブルドン化」が生じた．

（3） 21世紀のイギリス証券市場

1997年発足したブレア政権下でも金融・証券制度改革が行われ，2000年には金融サービス法を大改正され，全ての金融サービスをカバーし，横断的市場監視機能を実現する金融サービス市場法が成立した．これにより同法による対象に預金が含まれ，保険の範囲が拡大し，これらを扱う金融機関も一元的に規制されることとなり，金融機関の規制・監督機関が金融サービス機構（FSA）という1つの団体に統合されその権限が拡大するとともに，利用者保護に関して，オンブズマン制度や補償機関等も統廃合され1つになった[2]．同年にはロンドン証券取引所が株式会社化され，翌年には自らの市場に上場した．世界的な取引所の提携や合併の流れの中で，1982年開設のロンドン国際金融先物取引

所(LIFFE)は2001年にユーロネクストの傘下に入り,欧米の取引所から統合提案や買収を仕掛けられたロンドン証券取引所は,2007年にイタリア証券取引所と合併した.

3 アメリカ証券市場の発展の歩み

(1) アメリカ証券市場の誕生とバブル

　第一次世界大戦後に世界の金融・資本市場の中心となったアメリカ証券市場は,1776年の独立以降,独立戦争遂行のため最初の証券として連邦政府債(国債)が発行され,コーヒーハウスにおいて取引が行われるなど,それまでに100年余りの歴史があった.1792年には競売ブローカーが,「すずかけの木協定」という協定を結び組合を結成し,固定手数料制などを取り決め,同時に,1817年にニューヨーク証券取引所(NYSE)となるトンティン・コーヒー・ハウスを建て取引を始めた.19世紀には鉄道株や工業株を対象とする証券ブームが何度か起こった後,1920年代後半に空前の証券ブームが起こった.発行市場では,電力などの公益事業会社をはじめ,石油や鉄鋼会社などによる証券発行が行われ,流通市場では,ブローカーズローン(証拠金取引で売買する際に証拠金差出分以外の部分を銀行などから借り入れるもの)という投機的な取引が急増した.さらに投資銀行に加えて商業銀行や信託会社などが証券子会社を設立して証券業へ進出するなど,株式市場には多くの投資家及び資金が集まってきて大ブームとなり,1921年から29年までの間にダウ平均株価は4倍強となったのである.
　しかし,1929年10月,暗黒の木曜日といわれる株価の大暴落が発生し,わずか3週間で株価は約4割も下落し,世界大恐慌へ繋がった.アメリカは同年8月から景気後退局面に入っていたが,株価大暴落の発端は,好景気等を背景とする投機によって高騰した株価を懸念したFRBによる金融引き締めにあるとされている.[3)]その後株価は一時的な上昇と急落を繰り返しながら,32年にはピークから約90％の水準にまで下落した.この間,銀行の破たんが相次ぎ,33

年3月に「バンク・ホリデー」[4]が実施されるまでの約3年半の間に，アメリカの全銀行の1/3にあたる約9000の銀行が破たんした．ニュー・ディール政策の進展とともに株価は下げ止まるが，30年代を通じて本格的に回復することはなかった．

株価大暴落を受け，1932年には議会上院に証券市場調査のために銀行・通貨委員会（通称ペコラ委員会）が設置され，2年にわたり数多くの証券市場関係者を喚問し，大暴落前後のウォール街における相場操縦や詐欺的行為などの不正行為を徹底的に暴いた報告書を作成した．そしてその報告書の成果をもとに，一連の金融・証券関係法が制定されたのである．

1933年には，銀行による証券業務を禁止する銀行法（グラス・スティーガル法）が制定され，同法により，銀行経営の健全性維持のため銀行による株式保有の禁止が決められ，預金者保護のため連邦預金保険公社が設立された．また，1933年証券法では証券発行時の情報開示が，1934年証券取引所法では上場後の継続開示が義務付けられるなど，投資家保護のために徹底した情報開示義務が規定された．なお，1934年証券取引所法により，証券売買の規則が定められ，不正行為を監視・防止する機関として証券取引委員会（SEC：Securities and Exchange Commission）が設立された．このほか，35年公益事業持株会社法，39年信託証書法，40年投資会社法，投資顧問法が制定されるなど，金融・証券規制の枠組みがこの頃に確立した．

（2） メーデー

大恐慌前の株価のピークを越えた1954年頃，生命保険，年金基金，投資信託といった機関投資家が台頭する機関化現象が起こり，機関投資家の動向が株式市場に大きな影響を与え始めていた．機関投資家のNYSE銘柄への注文の一部が，固定手数料制であったNYSEから手数料が交渉で決められていた第三市場（上場銘柄の店頭市場での売買）や第四市場（投資家間での直接売買）に流出し，NYSEの厚みと流動性が損なわれるという「市場の分裂」が生じていたのであ

る．そこで1968年に10万ドル超の大口手数料が自由化された後，手数料は段階的に引き下げられ，1975年5月1日に完全自由化された．これをメーデーという．同時に1975年証券諸法改革法が制定され，市場の分裂を防いで顧客注文の最良執行を実現するため，全米市場システム（NMS：National Market System）の構築が定められた．NMS構想の下で，直近の取引情報を公表する総合取引報告システム，気配価格等を伝達する総合気配情報システム，最良気配を表示している市場に注文を回送する市場間取引システムが稼動し，場外取引規制が緩和された．手数料自由化により手数料収入が減少した証券業者は，業務の多角化を進めたり，競争力を発揮できる分野に業務を特化したりしていった．

1970年代には，変動相場制への移行により為替変動リスクが増大し，ヘッジニーズが高まったことを受け，シカゴ・マーカンタイル取引所（CME）で通貨先物取引が開始され，その後も，金利や株価指数などの金融先物取引やオプション取引が相次いで登場するなど，金融革新が進展した．また，投資信託の一種であるMMFが1971年に開発され，1977年にはMMFを中核に決済機能を持つCMAなど銀行預金類似商品ともいえる金融商品が開発されるとともに，1980年代には預金金利の自由化が段階的に進展し，1986年までにすべての預金金利の自由化が完了するなど，金融自由化の動きに拍車がかかった．

（3） 金融自由化の進展

金融自由化が急進展し始めた1980年代初頭に発足したレーガン政権は，レーガノミクスと呼ばれる経済政策を実行し，アメリカ経済は活況を取り戻した．1987年10月にはブラック・マンデーと呼ばれる株価大暴落が起き，世界的な株価大暴落を引き起こしたものの，M＆A活動の活発化，資金調達手段の多様化，ハイテク企業を多く抱えるNASDAQ市場の台頭，さらには証券化の進展などにより，証券業務が拡大したことに加え，銀行の競争力低下に対する危惧等もあり，金融・証券規制体系に対する見直し議論が高まった．そして，銀行の証券子会社による業務規制が緩和され，銀行持株会社シティーコープと保

険・証券業を傘下にもつトラベラーズグループの合併が認可されるなど金融界の再編が進んだことを受け，金融制度改革機運が一段と高まり，1999年にグラム・リーチ・ブライリー法（金融サービス近代化法）が成立した．同法により，銀行・証券会社・保険会社間の相互参入が容易となった．

1990年代後半には，情報・通信産業の急激な発展に伴い，それに対する過剰な期待感からIT関連企業の株価が高騰し，ITバブルと呼ばれるバブルが発生した．しかし，2000年の利上げを契機に株価は大幅に下落し，ITバブルは短期間で崩壊した．

（4） 21世紀のアメリカ証券市場

ITバブル崩壊による株価の下落局面で，エンロン（2001年）やワールドコム（2002年）が破綻し，それが不正会計に端を発していたことが明らかになると投資家による証券市場に対する不信感が強まった．この事態を受け，会計情報の透明性・正確性を高めることを目的に，コーポレート・ガバナンス（企業統治）の在り方や監査制度を抜本的に改革するサーベンス・オクスリー法（企業改革法）が成立した．

2005年4月には全米市場システム（NMS）の規制構造の近代化を目指した新規制「レギュレーションNMS」の導入が決定された．これにより，従来までは売買注文はもっとも有利な気配値を出す市場で執行することが「トレード・スルー（trade through）」規則により義務付けられていたがこれが緩和され，一定の価格内なら最良価格でなくても迅速な売買執行が可能な電子取引市場での執行が認められた[5]．レギュレーションNMS導入が決定されたのを機に，アメリカでは国内及び国境を越えた取引所の合併や再編が起こった．NYSEは2005年に電子証券取引ネットワーク（ECN：Electronic Communications Network）のアーキペラゴと合併し，2007年にはパリ取引所を中心とするユーロネクストと統合してNYSE・ユーロネクストを設立し，2008年にはアメリカン証券取引所を買収した．一方，NASDAQは2005年にECNのインスティネットを買収

し，さらにロンドン証券取引所に買収提案した（失敗に終わる）後，2008年に北欧等の取引所を運営するOMXと経営統合してNASDAQ OMXグループを設立し，同年にフィラデルフィア証券取引所及びボストン証券取引所を相次いで買収した．このようにアメリカでは熾烈な市場間競争が展開されている．

　証券取引所の合併や再編が相次いでいた2000年代半ば頃，アメリカでは住宅ブームを背景に信用度の低い借り手を対象とした住宅ローン（サブプライム・ローン）が拡大していた．それと歩調を合わせるような形でサブプライム・ローンを組み込んだ証券化商品も増加していった．しかし，2006年頃から住宅価格が下落に転じたのを機に，サブプライム・ローンの延滞率が上昇し，それに伴いサブプライム・ローン関連の証券化商品等の価格下落や格付けの引き下げにより市場での価格形成が困難となり，それを購入していたヘッジ・ファンドやその資金を提供していた金融機関も巨額の損失を計上することとなった．そして，2008年9月には証券大手リーマン・ブラザーズの経営破綻（リーマン・ショック）によりアメリカで世界的な株価暴落を引き起こす株価暴落が起き，世界の金融・資本市場は「100年に一度」と形容される金融危機に陥った．金融危機は世界的な経済危機へと発展し，各国で企業業績が大幅に悪化し，失業者が増大するなど，世界同時不況に突入した．これに対し各国は，金融機関に対する資本注入や不良債権処理等の金融システム安定化策を実施し，同時に財政出動を行った．2009年はアメリカ最大手の自動車メーカーであるGMが経営破綻し，全米で約140行もの銀行が経営破綻するなど混乱はあったものの，景気は回復基調に転じ，株価もこれに合わせ同年春を底に上昇に転じた．

注

1) 小林譲治「証券市場の歴史」，日本証券経済研究所編『図説　イギリスの証券市場2009年版』日本証券経済研究所，2009年，p.4.
2) 重頭ユカリ「ビッグバンと金融サービス法」『季刊　組合金融』春号，2000年，p.13参照．
3) 『世界経済の潮流2009年Ⅰ』内閣府政策統括官室，2009年6月，参照．

4）全銀行を一斉に4日間休業させ，経営状態を調査し，支払い能力があると判断された銀行のみ業務を再開させる措置．
5）西崎百江「電子取引が生き残りのカギ急速に統合へ向かう世界の証取」日経BPネット（http://www.nikkeibp.co.jp/）2007年4月13日，参照．

参考文献

経済企画庁編『世界経済白書』各年版，大蔵省印刷局
重頭ユカリ「ビッグバンと金融サービス法」『季刊 組合金融』春号，2000年．
杉江雅彦『証券に関する12章』萌書房，2001年．
内閣府政策統括室編『世界経済の潮流』各年版，日経印刷
西川純子・松井和夫『アメリカ金融史』有斐閣，1989年．
西崎百江「電子取引が生き残りのカギ急速に統合へ向かう世界の証取」日経BPネット
　　（http://www.nikkeibp.co.jp/）2007年4月13日．
日本経済新聞社編『大収縮 検証・グローバル危機』日本経済新聞社，2009年．
日本証券業協会証券教育広報センター・高橋文郎編『新・証券市場2009』中央経済社，
　　2009年．
日本証券経済研究所編『図説 アメリカの証券市場2009年版』日本証券経済研究所，2009年．
日本証券経済研究所編『図説 イギリスの証券市場2009年版』日本証券経済研究所，2009年．

第3章 日本の証券市場発展の歩み

1 明治から戦後までの日本の証券市場

(1) 日本の証券市場の誕生

1868年，日本は明治維新により，封建社会から資本主義社会へと大転換した．この転換時の1870年に，日本で最初の証券として，明治政府はロンドンでポンド建て外債を発行した．1871年には，廃藩置県で藩体制が終焉したことに伴い，各藩の債務を継承するために1872年に旧公債及び新公債と呼ばれる国債が，さらに，旧武士階級への生活保障のため1874年以降に秩禄公債，金禄公債と呼ばれる国債が発行された．この間，1873年には日本で最初の株式会社として第一国立銀行が設立された．

1878年には，江戸時代の帳合米取引制度（米の先物取引で，将来の一定時期に受け渡しをする差金決済取引）を参考にした株式取引所条例が制定され，それに基づき同年，東京と大阪に株式会社組織の株式取引所が設立された[1]．株式取引所設立当初は国債の取引が中心であったが，1880年代に入り鉄道業や紡績業が発達し，株式会社の設立を中心とする企業勃興期を迎えたのを契機に，これらの企業の株式上場が増加し，株式の取引が中心になった．なかでも1884年に上場された日本鉄道会社を中心とする鉄道株の売買は非常に活発に行われ鉄道株時代といわれた．鉄道会社の資本規模は巨大であり（1896年の1社平均342万円，他の会社は1社平均10万円），株主は広く分散していたため，その株式は株式市場で活発に売買されることになったのである[2]．もっとも当時の株式市場は本来の機

能である長期資金の調達の場としては機能せず，取引は定期取引（先物取引）が大半を占め，かつ少数の人気銘柄に集中する投機の場であった．1906-07年に鉄道が国有化された後，株式市場における売買資金の一部は定期預金に流れ，残りは値動きの激しい取引所株や紡績株等への投機か，電力株等への長期投資に流れた．

（2） 大正から昭和初期の証券市場

　明治末期から10年近くもの長い不況期を経験した日本経済は，大正時代に入った1914年の第一次世界大戦以降は鉄鋼，造船，化学，機械などの重化学工業が発展し未曽有の企業勃興がもたらされ，株式市場の規模も拡大していった．しかし，取引所へ株式上場したのは大企業である財閥企業ではなかったため，優良銘柄が少なく，依然として少数銘柄への投機取引が中心になっていた．第一次世界大戦後の1920年に反動恐慌が起こると株価は暴落し，その後も昭和初期にかけ，関東大震災（23年），金融恐慌（27年），NY株大暴落（29年）に端を発した世界大恐慌及び昭和恐慌（30年）などが相次ぎ，1931年に金輸出再禁止や金利の引き下げなどで混乱が収まるまで株式市場は長期低迷した．その間の1922年には，取引所法改正により長期清算取引（定期取引改め）の半分の手数料の短期清算取引が創設された．またこの頃，長い不況期から抜け出した重化学工業が本格的に発展し，特に1931年の満州事変以降，多額の軍事費が軍需産業に投入されたためこの動きに拍車がかかった．この重化学工業化には巨額の資本を必要としたため，まず内部資金が乏しく機関銀行をもたない新興財閥（日産，日窒，森，日曹，理研など）が株式を公開した．次いで軽工業中心であった既成財閥（三井，三菱，住友など）も重化学工業へ進出するようになり，それまでほとんど非公開であった株式を公開するようになった．新興財閥や既成財閥の株式公開によって，実物取引も増大し，株式市場は「投機の場」から「資金調達の場」へと変化したこともあり，個人や機関投資家（特に生命保険）などが投資として株式売買を行うようになるなど，株式市場の発展の基盤が確立された．

（3） 戦時経済体制下の証券市場

1937年に日華事変が勃発すると戦時経済体制が強化され，増資の許可制，配当の制限など株式市場に対する統制が強化され，株式市場は低迷した．そこで株価対策が打ち出され，株式を買い支える機関として1941年3月に日本協同証券が設立され，さらに8月には株式価格統制令が施行された[3]．これは，株価の暴落により戦時経済の運営が阻害される恐れがあると認めた場合には，商工大臣が，株式の銘柄を指定してその最低価格を決定し，その最低価格以下の取引を禁止しようとするものであった[4]．同年12月に勃発した太平洋戦争により経済統制は一層と強化され，取引所制度の改革も断行された．1943年には全国11カ所にあった株式取引所が統合され日本証券取引所が設立された．その他，業務内容の拡張，短期清算取引の廃止，上場制度の強化，取引員制度の見直しなどが相次いで実施された．とくに注目されるのは，改革の基本的な考えとして，投資市場への脱皮と投資家保護が打ち出されたことで，太平洋戦争の完遂という巨大な国家意志が作用したとはいえ，この改革が戦後の証券市場の制度運営に少なからぬ影響を与えたことは否定し得ない[5]．しかし，証券市場の統制強化は証券市場の活力をそぐ結果となり，証券市場は低迷し，機能が麻痺したまま1945年8月9日に取引を停止し，15日に敗戦を迎えた．

2 戦後復興期からバブル期の証券市場

（1） 戦後復興期

1945年8月の敗戦により，日本は連合国軍総司令部（GHQ）の支配下に置かれ，そこで財閥解体，農地解放，労働組合育成などの民主化政策が実行され，日本の経済構造は大きく変化を遂げることになった．取引を停止して敗戦を迎えた証券取引所は，敗戦翌月，総司令部の「証券取引所に関する覚書」により再開は無期延期となり，「取引所空白時代」を経験することになった（日本証券取引所は1947年に解散）．そのため，同年12月頃から株式の集団売買（集団取引）

が自然発生的に行われた．集団売買は，法律的には有価証券業取締法によって行われる売買（店頭取引）を約定の出合い，受け渡しの便宜上，特定の証券業者が集団で取引するものであるという解釈のもとに，大蔵省も総司令部もこれを黙認した[6]．そのため，取引所に代わる証券の流通の場として集団売買は活発に行われたのである．

1947年には財閥解体などにより凍結された大量の株式が，証券処理調整協議会を通じて放出された．凍結株放出にあたり，総司令部より株式が広くかつ公平に一般大衆に分散することを要求された証券界は，それまで株式にあまり縁のなかった国民に関心を持たせようと，各地で講演会や投資相談会を開催する証券民主化運動を展開した．この運動は順調に進み，対象の放出株の消化に大きな役割を果たし，その結果，株式所有の大衆化が急速に進み，個人の株主数や所有株式数は急増した．

1948年にはアメリカの証券諸法を取り入れた新しい証券取引法が施行され，これにより，①証券取引委員会が創設（1952年廃止され大蔵省に移管），②投資家保護の観点から有価証券届出制度が強化，③証券業者は免許制から登録制に変更，④金融機関の証券業務の兼営禁止，⑤証券取引所を株式会社組織から証券業者を会員とする会員組織に改変，などが実施された．そして1949年に東京や大阪などで証券取引所が設立され，取引が再開された．取引再開に先立ち，総司令部より①取引は時間順位により記録する，②取引は取引所に集中する，③先物取引（戦前の清算取引）は行わない，という市場三原則（証券取引再開三原則）が提示された．この三原則の受諾により，取引所空白時代は終わり，証券取引所での取引の再開され，同時に集団売買は廃止された．

取引所再開後の証券市場は，ドッジ・デフレによる不況で低迷したが，1950年の朝鮮動乱勃発による特需需要により設備投資が活発になり，経済の急速な拡大とともに株式市場は息を吹き返した．その後，1951年には信用取引制度の創設や，新たな投資信託制度の創設が行われたこともあり，戦後初の株式ブームが1953年のスターリン暴落まで続いた．

（2） 高度成長期の証券市場

1950年代後半以降，日本は高度成長期に突入し，株式市場も発展期を迎えた．株価は若干の調整局面はあったがほぼ一本調子で上昇し，売買高は急増し，企業の証券発行による資金調達も増加した．このような株式流通市場と発行市場の拡大の原動力となったのは株式投資信託で，投信が株価上昇の大きな牽引役となり株式ブームが起こり，投信相場といわれるような影響を与え，「池の中の鯨」などと評された．一方で，公社債市場も起債市場の正常化が進み，1956年に東京と大阪の証券取引所で取引が再開された．その公社債の消化を促進して起債市場の拡大を図るとともに，新しい貯蓄手段を提供する目的で1961年には公社債投資信託が認められた．

拡大していた株式市場も1961年7月の金融引き締めを契機に反落に転じた．株価の暴落を防ぐため，株式需給改善のための機関として1964年1月には銀行・証券会社の出資で日本共同証券が，65年1月には証券会社のみで日本証券保有組合が設立された（表3-1参照）．しかし事態は改善せず，1965年5月に証券大手の山一証券が経営危機となり証券恐慌に陥った．これを受け戦後初で，異例ともいえる日本銀行による証券会社への特別融資（日銀特融）が発動され，同年7月末に戦後初の国債の発行方針が明示されてようやく株価は上昇に転じた．この間の1965年5月に証券取引法が改正され，証券会社の経営基盤と信用の強化を図るために，証券会社は登録制から免許制へ移行した（2年半の猶予期間をおいて1968年4月移行完了）．

表3-1　証券恐慌時の株式買取機関

	日本共同証券	日本証券保有組合
設立年	1964年	1965年
設立主体	都銀，長信銀，証券	証券
買い入れ規模	1900億円弱	2300億円強
市場の反応など	幅広い売りを浴び相場下落	投信や証券会社の売りを吸収

（出所）『日本経済新聞』2009年2月26日．

表 3-2 証券市場の国際化の進展

	国　内		海　外
1950 年代	証券業者	⟶	NY 事務所開設
	発行者	⟶	NY 市場における発行
			⇨後にユーロ市場に向かう
↓			
資本自由化			
↓	外人投資ブーム	⟵	投資家
	円建外債開始	⟵	発行者
	初の免許	⟵	証券業者
1970 年代	投資家	⟶	外国証券投資開始
↓			
1980 年	新外国為替管理法施行	⟶	内外証券投資は原則自由化
1985 年	取引所正会員	⟵	証券業者

(出所) 小林和子「日本の証券市場の歴史」，日本証券経済研究所編『図説 日本の証券市場 2008 年版』日本証券経済研究所，2008 年，p.21.

　1960 年代後半，いざなぎ景気などを背景に株価は上昇し，資本自由化の進展により外国人投資家による日本株式取得も増加した（外国人投資ブーム）．海外企業による乗っ取りを警戒した企業は，株式持ち合いを積極的に行った．外国人投資ブームと法人の株式持ち合い進展により，株式ブームが生じて株式市場が活況化したこともあり，証券恐慌時の凍結株解消も進展した[7]．また流通市場が株式ブームで拡大している中，発行市場では従来の額面発行による資金調達に代わって，1969 年に日本楽器製造により初めて時価発行増資が実施され，その後定着することになった．

　1970 年代に入り，IOS ショック（金融コングロマリット IOS の経営危機），ニクソン・ショック，オイル・ショックを経験しながらも証券市場は拡大し，それと並行して証券市場の国際化も進展した（**表 3-2** 参照）．1980 年の新外国為替法により内外証券投資は原則自由化され，84 年の日米円ドル委員会報告書などによる市場開放要求を受け，85 年には東証により外国証券会社の正会員への加入が承認された．また 1975 年以降，国債の大量発行時代に入ったのを契機に，1980 年には国債を運用対象とする中期国債ファンドが登場し，さらには証券取引法で原則禁止されていた金融機関の証券業務が緩和され，83 年には金融

機関の国債の窓口販売業務が，84年には公共債を対象にしたディーリング（売買）業務が解禁された．

（3） バブル期の証券市場

1985年のプラザ合意以降は，急激に円高が進み輸出産業の業績は悪化したものの，内需依存型企業にとってはプラスであり，86年以降の金融緩和などにより景気は86年秋以降長期間拡大し，株式市場も円高・低金利・原油安（トリプルメリット）により急拡大・急膨張した．1987年10月のブラック・マンデーにより大暴落したものの，景気拡大局面にあった日本の株式市場はすぐに回復し株価は高騰を続けた．流通市場の活況もあり，発行市場でも企業によるエクイティ・ファイナンス（新株発行を伴う資金調達）も大量に行われ，この資金が株式投資に向かい財テクブームが起こった．財テクブームは，NTT株の売出しにより増加した個人投資家にも広がり，株式市場では不動産市場や美術品市場などと共にバブルが発生したのである．株価の高騰は1989年末まで続き，同年末の日経平均株価は3万8915円と史上最高値を記録した．1980年代末期には，日本の株式市場はNY株式市場の時価総額を上回り，世界最大規模の市場となったのである．

他方，戦後の取引所再開時に承認した市場三原則により禁止されていた先物取引が1985年の債券先物取引を皮切りに開始され，87年には株先50が，88年には株価指数（TOPIXと日経225）先物取引が，89年には株価指数オプション取引が開始され，取引手法の多様化が進展した．

3 　金融ビッグバンと21世紀の証券市場

（1） 金融ビッグバン前後の証券市場

1990年に入ると金利の上昇に加え，不動産関連融資の総量規制導入などもあり，株価や地価の下落が始まりバブル経済は崩壊した．1991年には証券会社

による大口顧客に対する損失補てんなど証券不祥事が相次いで発覚し，投資家心理を悪化させた．証券不祥事発生の背景には，固定手数料制による証券会社間の競争性が弱いこともあった．そこで証券不祥事の再発防止のため，証券市場の監視体制強化を目的に 1992 年に証券取引等監視委員会が設置され，93 年には金融機関の業態別子会社方式による相互参入が認められ（一定の業務制限有り），94 年に大口取引（10 億円以上）の株式売買委託手数料が自由化された．なお，株価急落の過程で政府により，郵貯・簡保の株式組み入れ制限を一部撤廃され，数兆円もの資金で株式を買い支える株価維持策（PKO：Price Keeping Operation）が実施された．一方でこの頃，証券市場の規制緩和や効率性を図る観点から，1996 年には社債の適債基準の撤廃や社債の財務制限条項の見直しなどが実施された．

しかし，その後も証券市場の低迷は続き，日本の証券市場の空洞化が進行しつつあった．そこで，空洞化に歯止めをかけ金融・証券市場を活性化させ，2001 年までに東京の金融市場を NY やロンドン並みに再生させるため，1996 年橋本首相により金融・証券市場の大改革「日本版ビッグバン」（金融ビッグバン）が構想された．これは短期的には金融・証券不祥事等に示された弱体な証券市場の建直し策，中期的には 30 年続いた免許制証券行政に対する反省，長期的には戦後 50 年の経済・社会政策の綻びに対する改革策である[8]．そして，フリー（市場原理が働く自由な市場），フェア（透明で信頼できる市場），グローバル（国際的で時代を先取りする市場）の三原則を市場改革の基本理念に据え大改革が行われ，1998 年の金融システム改革法でその多くが実現した．この改革法や相前後して行われた規制緩和により，銀行による投資信託販売の解禁，金融持ち株会社設立の解禁，証券会社の登録制移行，証券子会社等の業務範囲の制限撤廃，株式売買委託手数料の完全自由化等が実行され，競争が促進されることになった．同時に，1990 年代の長期間にわたる証券市場の低迷により，1997 年には山一証券が自主廃業し日銀特融が実施され，また三洋証券などの証券会社の経営破たんが相次いだこともあり，金融システム改革法により投資者保護基

金が設立された．

　金融ビッグバン以降も，金融・証券市場の改革は継続され，新しいタイプの投資信託の導入，単元株制度創設や自社株取得規制緩和等の株式制度の変更，会社に関する法律を一本化した会社法の施行，さらには証券取引法を抜本的に改正した金融商品取引法の施行等が実施された．

(2) 21世紀の証券市場

　1999年から2000年春まで世界的なITバブルの影響もあり，日本の株価も上昇したものの，ITバブル崩壊により再び下落に転じた．長期にわたる地価下落などによる不良債権問題に加え，保有株式の評価損計上により金融システム不安は一層深刻化し，株価下落は進んだ．そこで，株価対策として，2001年11月には「銀行等の株式等の保有の制限等に関する法律」(銀行株式保有制限法)が成立し，銀行の株式保有額を自己資本の範囲内に減らすことが義務付けられると共に，銀行が保有する持ち合い株式を早期に売却し株価下落の影響を受けにくい経営に転換すること目的として，2002年1月銀行等保有株式取得機構が設立された[9]．さらに，同年11月には日本銀行による銀行保有株式の買い取りが開始されるなど，株価下落に伴い再び株価対策が実施された（表3-3参照）．それでも株価下落は止まらず，金融システム不安がピークに達した2003年4月には，日経平均株価は7600円台にまで下落した．これが反転に転ずるきっかけは，直後に実施されたりそな銀行への公的資金投入で，これを契機に金融システム不安が薄らぎ，売買を伴いながら株価は上昇した．

　しかし，2007年夏をピークに，アメリカ発のサブプライム・ローン問題で株式市場は再び下落に転じ，2008年秋のリーマン・ショックによる世界的な金融危機の発生により株価は暴落し，日経平均株価は翌年3月にはバブル後の最安値を更新し，26年5カ月ぶりの安値水準(7021円)にまで下落した（図3-1参照）．この間，再び株価対策が実施され，2008年10月に空売り規制の強化が，翌年には日銀及び銀行等保有株式取得機構による株式買い取りが相次いで再開

表 3-3　株式買取スキーム

	銀行等保有株式取得機構	日本銀行
組　　織	法人（銀行等が出資）	中央銀行
規　　模	02/2～06/9 … 2兆円 09/3～ ……… 20兆円	02/11～04/9 … 3兆円 09/2～………… 1兆円
買入実績	02/2～06/9 … 約1兆6,000億円 09/3～ ……… 3,949億円（10年3月末）	02/11～04/9 … 約2兆円 09/2～………… 2,835億円（10年3月末）
買入対象	トリプルB格以上の企業の株式．09年7月以降，上場投信，上場不動産投信，優先株なども追加．	トリプルB格以上の企業の株式で売買が活発な銘柄
買入方法	銀行，銀行の持ち合い先の企業から市場外で買い付け	銀行から市場外で買い付け

（出所）　日本経済新聞社編『大収縮　検証・グローバル危機』日本経済新聞社，2009年，p. 152 を一部修正．

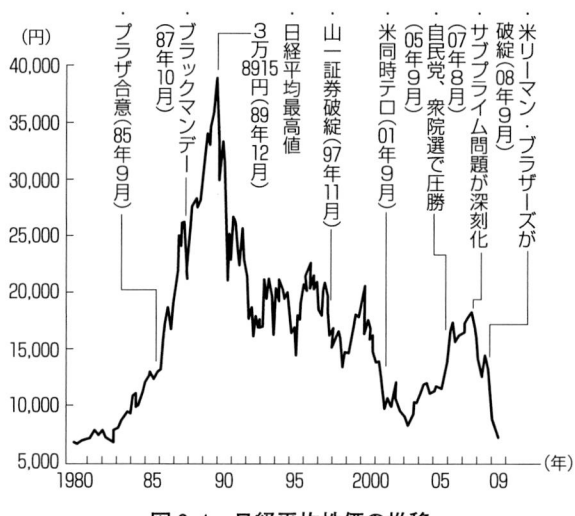

図 3-1　日経平均株価の推移
（出所）　『日本経済新聞』2009年3月10日．

された．そのほか，法案は成立しなかったものの，株式市場から上場投信や株価指数構成銘柄などを50兆円規模で購入する資本市場危機対応機構の設立が検討された．こうした株価対策や海外市場での株価回復などにより株価は反発

し，2009 年夏には日経平均株価は 1 万円台を回復するなど，株式市場はようやく落ち着きを取り戻した．

注

1) 1878 年 6 月の取引開始時の上場銘柄は新・旧公債，秩禄公債の国債のみで，7 月に日本初の上場株式として東京株式取引所の株式が上場され，9 月には第一国立銀行の株式が上場された．
2) 野田正穂「日本の証券市場の歴史 I」，日本証券経済研究所編『新版 現代証券事典』日本経済新聞社，1992 年，p. 324.
3) 翌 1942 年，同証券の業務と資産を引き継いだ戦時金融公庫が設立された．
4) 『東京証券取引所 20 年史』1974 年，p. 64. なおこの統制令は 1 度も発動されることはなかった．
5) 『東京証券取引所 20 年史』1974 年，p. 76.
6) 志村嘉一「証券市場の再出発」，有沢広巳監修『日本証券史 2』日本経済新聞社，1995 年，p. 13.
7) 1969 年には日本証券保有組合が，1971 年には日本共同証券が各々解散した．
8) 小林和子「日本の証券市場の歴史」，『図説 日本の証券市場 2008 年』日本証券経済研究所，2008 年，p. 28.
9) 銀行等保有株式取得機構は当初，銀行が株式を売却する際に拠出金（8 ％）が必要であったため，買い取りは低調であったが，2003 年 8 月にこれが撤廃され，同時に各銀行が持ち込める銘柄ごとの上限額が撤廃されるなど買い取り上限が見直しされたことを契機に，買い取りは増加した．

参考文献

有沢広巳監修『日本証券史 1』日本経済新聞社，1995 年．
有沢広巳監修『日本証券史 2』日本経済新聞社，1995 年．
内田茂男『日本証券史 3』日本経済新聞社，1995 年．
小林和子『株式会社の世紀』日本経済評論社，1995 年．
財経詳報社編『図説 日本の証券市場 平成 9 年版』財経詳報社，1997 年．
津村英文編『証券市場論入門』有斐閣，1991 年．
東京証券取引所編『東京証券取引所 20 年史』東京証券取引所，1974 年．

日本経済新聞社編『大収縮 検証・グローバル危機』日本経済新聞社，2009年.
日本証券業協会証券教育広報センター・高橋文郎編『新・証券市場2009』中央経済社，2009年.
日本証券経済研究所編『新版現代証券事典』日本経済新聞社，1992年.
日本証券経済研究所編『図説 日本の証券市場 2008年版』日本証券経済研究所，2008年.
山一証券経済研究所編『証券市場の基礎知識 第2版』東洋経済新報社，1997年.

第4章 株式発行市場

1 発行市場と流通市場

　証券市場は，株式の取引を行う株式市場と公社債の取引を行う公社債市場に区分され，各々に発行市場と流通市場がある．発行市場とは，資金調達の目的で新たに発行する証券への出資者（投資家）を募集する市場であり，発行者（発行体）から仲介者（証券会社）を介して投資家に資金と引き換えに証券を取得させる市場である．流通市場とは，既に発行された証券が投資家の間で売買される市場のことをいう．流通市場が低迷していれば，証券を発行して資金を調達することは困難になることがあるが，逆に流通市場が活況であれば，資金調達は比較的容易に行うことができる．また，既存の上場企業が行っていない業務をしている企業の株式などが発行されれば，市場への参加者が増加して売買が活発に行われる可能性もある．このように，発行市場と流通市場は車の両輪に例えられるほど互いに密接に関連している．

2 株式の種類と発行形態

(1) 株式の種類

　企業が発行する株式は，通常，所有者である株主に与えられる権利はどの株式も同じである普通株式とよばれるものである．しかし会社法で，例外として権利内容の異なる複数の株式（種類株式）を発行することが認められており，そ

れには優先株式，劣後株式，混合株式，議決権制限株式などがある[1]．優先株式とは，剰余金の配当や会社の残余財産の分配について他の株式よりも優先されるものであり，その反対にこれらが劣後されるものを劣後株式という．混合株式は，優先株式と劣後株式の性格が混合した株式で，例えば剰余金の配当は優先されるが残余財産の分配は劣後されるような株式である．議決権制限株式は，株主総会での議決権の行使が全部又は一部制限されている株式である．

（2） 会社設立の形態

株式が最初に発行されるのは会社設立の際である．会社設立の形態には，発起設立と募集設立がある．発起設立とは，設立に際して発行される株式の全てを発起人が引き受ける方法で，小規模会社はこの方法により設立される．1人もしくは少数の発起人のみが設立手続きを行うため，迅速な設立手続きが可能であり，資本金は1円から設立可能である．しかし，発行額は発起人の資力の範囲に限定されるため，主に小規模会社設立に利用される．一方，募集設立とは，設立に際して発行される株式の一部を発起人が引き受け，それ以外の株式を引き受ける出資者を募集する方法である．広く一般から出資を募ることが可能であるため，発起設立より大きな会社を設立することが可能になるが，手続きが複雑で費用や時間が掛かるという難点もある．

（3） 資金の払い込みを伴う新株発行

株式会社は，会社設立後も主に資金調達のためなどに新たに株式を発行するのが一般的である．新たに株式が発行される形態には，資金の払い込みを伴う方法と，払い込みを伴わない方法がある．資金の払い込みを伴う発行は，一般的に株式会社が資金調達の目的で株式を発行することを指し，新株発行或いは増資といわれる．これには，公募増資，第三者割当増資，株主割当増資などの方法があり，最近では第三者割当がもっとも利用されている（**表4-1**参照）．

公募増資とは，不特定かつ多数の投資家に対して，新株を発行するものであ

表 4-1　株式による資金調達額（有償増資分）の推移

年	2001	2002	2003	2004	2005	2006	2007	2008
公募増資	1,372	223	653	994	884	1,659	511	362
株主割当	32	―	2	11	4	3	9	―
第三者割当等	847	1,566	2,808	2,150	2,509	1,220	1,626	1,116
合　計	2,252	1,789	3,464	3,156	3,397	2,883	2,147	1,479

(注)　第三者割当には私募発行を含む．「―」は皆無．
(資料)　東京証券取引所，大阪証券取引所，ジャスダック証券取引所．
(出所)　日本証券業協会『FACT BOOK 2009』2009年．

る．公募価格は時価を基準にした価格で行われる．公募増資を実施する企業にとっては，一度に大量の資金を調達できるため財務基盤を強化できるなどのメリットがあるが，既存の株主にとっては持株比率を低下させることに加え，発行済み株式数が増加することに伴い1株当たり利益が希薄化する．そのため，公募増資後の確固たる成長戦略を示すことのできない企業や，相場が下落基調にある時などの大規模な公募増資などは，株価を低迷させる要因の1つになることもある[2]．

　第三者割当増資とは，取引先や取引金融機関及び従業員などの当該企業と何らかの関係のある特定の第三者に対して新株予約権を割り当て，新株式を発行するものである．業務提携先との関係を強化する場合などに利用される．第三者割当増資は，新株発行額が多いと既存株主にとっては持株比率が大幅に低下することになり，不公正な価格で新株発行が行われた場合には既存株主は不利益を被る可能性があるなど問題も多い．そこで，既存株主の議決権の大幅な希薄化や支配権の移転を伴う第三者割当増資に関しては，第三者委員会から客観的な意見を入手するなどのルールなどが設けられている（**表 4-2** 参照）．

　株主割当増資とは，新株の発行に際してそれを引き受ける権利（新株予約権）を既存の株主に割り当てるものである．株主は資金を払い込むことで所有株数に応じた新株が割り当てられる．新株の発行価格は時価と関係なく設定される．株主割当増資は，既存の株主の持株比率を維持するため，経営権の移転が生じ

表 4-2 第三者割り当てに関する東証の新ルール

項目・対応
希薄化率が 300％を超える場合
・株主の利益を侵害する恐れが少ないと認められる場合を除き上場を廃止
支配株主が異動し，3年以内に支配株主との取引の健全性が著しく棄損された場合
・株主の利益を侵害する恐れが大きいと認められるときは上場を廃止
希薄化率が 25％以上または支配株主が異動する場合
・経営陣から一定程度独立した者による第三者割り当ての必要性・相当性に関する客観的な意見の入手または株主総会決議などの株主の意思確認
第三者割り当て全般
・割当先の資金手当ての確認状況，発行価格の算定根拠などについて適時開示
・割当先が反社会的勢力と関係がない旨を記載した確認書を提出

(注) 希薄化率は割当前の発行済み株式に係る総議決権数に対する，第三者割り当てによる発行株式に係る議決権の比率．
(出所) 『日本経済新聞』2009年7月20日．

ない増資方法である．従来の東証の上場規則では1つの新株予約権に対して，新株を1株割り当てることになっていたため，発行済み株式が倍以上になる増資しかできないなど，使い勝手が悪かった．そこで，2009年末にこの規則が撤廃され，株主割当増資の一種の「ライツ・イシュー」が可能となった．ライツ・イシューは，既存の株主に新株を割り当てるのではなく，新株予約権（ライツ）を無償で割り当てるものである．既存の株主は，増資に応じ権利行使価格を払い込めば新株を取得できる一方，増資に応じたくなければ新株予約権を売却できる．その場合，新株予約権を購入した投資家が権利行使価格を払い込めば新株を取得できる（図 4-1 参照）．

（4） 資金の払い込みを伴わない新株発行

資金の払い込みを伴わない新株の発行には，株式分割，株式無償割当てという種類がある．株式分割は，1株をいくつかの株式に分割することで発行済み株式数を増やすことをいう．これに伴い会社の資産や資本が増えるわけではないが，株式数が増加することに加え，分割により1株当たりの株価を引き下げ

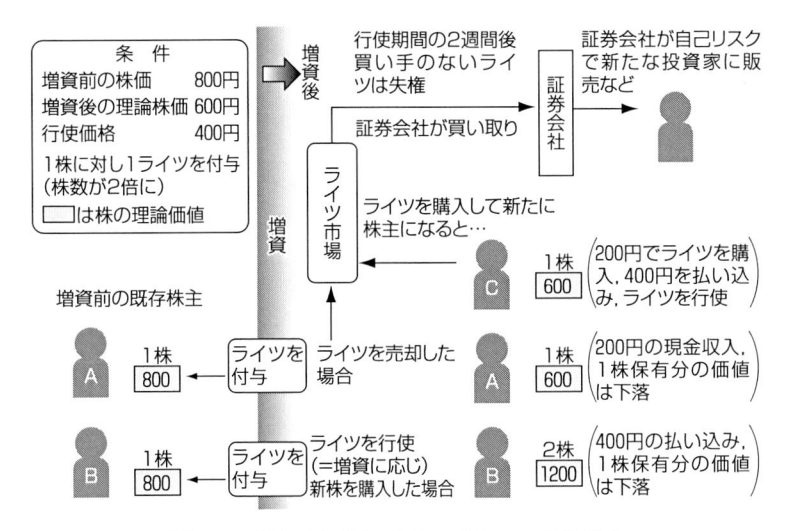

図 4-1 想定されるライツ・イシューの仕組み
(出所)『日本経済新聞』2009 年 12 月 28 日.

ることになるので，一般的に株式の流動性が向上し，将来の資金調達を容易にさせる効果があるといわれている．

　株式無償割当てとは，株式分割と同様，株主の所有する株式数を増加させるものである．ただし，株式分割は同じ種類の株式しか交付できないのに対して，株式無償割当てでは，別の種類の株式を交付することが可能である．例えば，普通株式を対象にした株式分割では普通株式しか交付できないが，株式無償割当てでは優先株式を保有する株主に普通株式を交付することが可能である．また，株式分割は発行会社が所有する自己株式（金庫株）にも株式を交付する必要があるのに対して，株式無償割当ては金庫株に対しては株式を交付してはいけないことになっている．

3　株式公開市場

　株式会社の株式が，オーナーやその親族など少数の株主により所有され，株式の売買が自由に行えない企業を未公開企業といい，その未公開企業の株式が自由に売買可能になることを，株式公開や上場或いは IPO (Initial Public Offering) といわれる．株式が公開される市場は，証券取引所（金融商品取引所）で，日本には東京証券取引所（東証），大阪証券取引所（大証），名古屋証券取引所（名証），札幌証券取引所（札証），福岡証券取引所（福証）の5つ存在する（2010年4月現在）[3]．このうち，東証，大証，名証は株式会社組織で，札証，福証は証券会社を会員とする会員組織である証券会員制法人の証券取引所である．また，東証，大証，名証には市場第一部と市場第二部があり，このほか各証券取引所には新興企業向け株式市場がある．

　株式を証券取引所に上場するメリットは，資金調達手段の多様化，知名度及び社会的信用力の向上，内部管理体制の充実，創業者利潤の実現，株式の公正な価格形成と財産価値の増大などが挙げられる．株式を公開する前は，資金調達手段は銀行借り入れなどの間接金融の方法が大半を占めているのが現状であるが，株式を公開すると，株式，普通社債，新株予約権付社債の発行という直接金融での資金ルートも容易に利用可能となるなど，資金調達手段が多様化する．ちなみに2009年3月期末での上場企業1765社の有利子負債残高のうち，直接金融による調達額の割合は22％となっている[4]（図4-2参照）．また，100万社以上ある株式会社のうちで株式を公開している企業は約4000社にすぎないことから，株式を公開することで優良企業としてのイメージが高まり，取引先や金融機関等からの信用が高まることになるため，取引条件が有利になったり，取引拡大や優秀な人材の確保，役員・従業員のモラルの向上につながったりすることにもなる．さらに，株式公開への準備過程で，個人的色彩の強い経営から組織的な経営への転換が行われ，業務分担・責任が明確になるなどの内部管

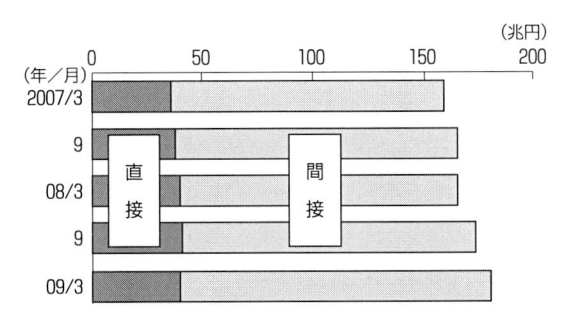

図 4-2　上場企業の有利子負債に占める直接金融と間接金融
(注)　対象は連続してデータのとれる上場企業 1765 社（新興 3 市場，金融除く）．
(出所)　『日本経済新聞』2009 年 10 月 12 日．

理体制の強化が期待できる．そして，会社の創業者であるオーナーは，株式公開時に所有している株式の一部を売却することにより，多額の創業者利潤を得ることが可能である．加えて，株式公開することで，証券取引所で株式が流通し，公正な価格が形成されることにより，株式の換金性が高まり，株式自体の財産価値が増大することになる．

　一方，上場のデメリットとしては，企業内容の開示義務，株式事務の増加，経営権の侵害の可能性などが挙げられる．株式を公開すると，3 カ月ごとに企業業績の公表をする義務があるため，それに伴う事務負担の増加や，監査法人による監査等に対する費用などが増加する．また，株主が増加するに伴い，株式事務の負担も増加することになる．加えて，公開した株式は自由に売買されるため，株式公開買い付けにより経営権が侵害され，場合によっては買収される可能性もあるなどのデメリットもある．なお近年，企業内容の開示に伴うコストの増加や企業買収の可能性増加もあり，経営陣（従業員）による株式買い付けである MBO（management but-out）により株式を上場廃止（非公開化）する企業も出てきている．

4　公開価格の決定方式

　株式を証券取引所に新たに公開（新規上場）する際における価格を公開価格（新株発行（公募）の発行価格を公募価格，既発株式の売り出しの価格を売出価格ともいう）といい，入札方式かブックビルディング方式（需要積み上げ方式）によって決定される（表4-3参照）．入札方式は，類似会社の利益などと比較して入札下限価格を決定して入札を行い，落札された価格の加重平均値をもとに公開価格が決められる方式である．この方式では，一部投資家による新規公開株への値上がり期待などを反映しやすい面があるため，公開価格が割高になり，公開後の株式の円滑な流通に支障を及ぼす恐れがあったため，1997年9月にブックビルディング方式が導入された．

　ブックビルディング方式とは，発行会社の妥当な株価を算定する能力が高いと思われる機関投資家等の意見をもとに価格帯（仮条件）を設定し，この仮条件を投資家に提示して，需要申告期間（ブックビルディング期間）に投資家の需要を把握したうえで，市場動向に合った公開価格を決定するものである．一般的にブックビルディング方式のメリットとしては，① 株式公開後の流通市場まで勘案した公開価格の決定が可能となり，株価への信頼性を高めることが期待されること，② 長期投資を目的とする機関投資家の市場参加を促進し，市場の効

表4-3　ブックビルディング方式と入札方式の違い

ブックビルディング	入　札
・仮条件の範囲内で需要を聞き取り，その結果から価格を決定 ・投資家による価格の提示と新規公開株の取得申し込みとは別 ・証券会社の預かり資産や手数料額に応じ特定顧客を優遇して抽選，一部は条件無しで抽選し配分	・財務内容などが似た会社を参考に下限価格のみを設定して入札 ・入札価格の提示が取得申し込みも兼ねる ・高い価格から優先して落札できる

（出所）『日本経済新聞』2007年12月6日．

率化・活性化が期待されること，③引受証券会社が主体的に公開価格の決定に関与する結果，マーケットメイク機能をより積極的に発揮できること，④手続きが簡潔化され，公開日程の短縮が可能となり，需要動向に応じた弾力的な発行が期待されること，が挙げられる[5]．このようなメリットがあることから，現在ではほとんどすべての新規公開企業の公開価格はブックビルディング方式によって決められている．なお，当初の予定公募・売り出し数量を超える需要があった場合，主幹事証券会社が，対象企業の既存株主から一時的に株式を借り，同一条件で追加的に投資家に株式を売り出すオーバーアロットメントが実施される．上限は公募・売り出し数量の15％となっている．主幹事証券会社は株式を借りるのと同時に，発行会社または株式を借りた株主から，引受価格（売出価格から引受手数料を差し引いた価格）と同一条件で追加的に株式を取得する権利（グリーンシューオプション）が付与される．オーバーアロットメントを利用すれば，人気の高い新規公開株ほど公開価格を大きく上回る初値がつくのをある程度抑制することが可能である．

　公開価格が決まると，ブックビルディング期間に希望する値段と株数を申告した投資家のうちから，公開価格で購入できる投資家が決定される（図4-3参照）．証券会社には，多くの投資家に行き渡るように販売予定株数の一定割合以上を抽選で配分するように義務付けられている．

　株式を証券取引所に上場して初めて売買が成立した株価を初値という．株式市場では，公開価格と初値を比較して，初値の方が上回った場合を「勝ち」，その割合を「勝率」ということがあり，新規公開市場の活況度合いをみる指標にすることもある（図4-4参照）．

　株式公開後，オーバーアロットメントにより売却が行われた際は，株式の借入先にそれを返却する必要があるが，その方法にはグリーンシューオプションの行使とシンジケートカバー取引がある．公開後の株価が引受価格を上回って推移すると，市場で買い付けると損失が発生するため，グリーンシューオプションを行使し借入先から株式を追加購入して弁済する．公開後の株価が引受価

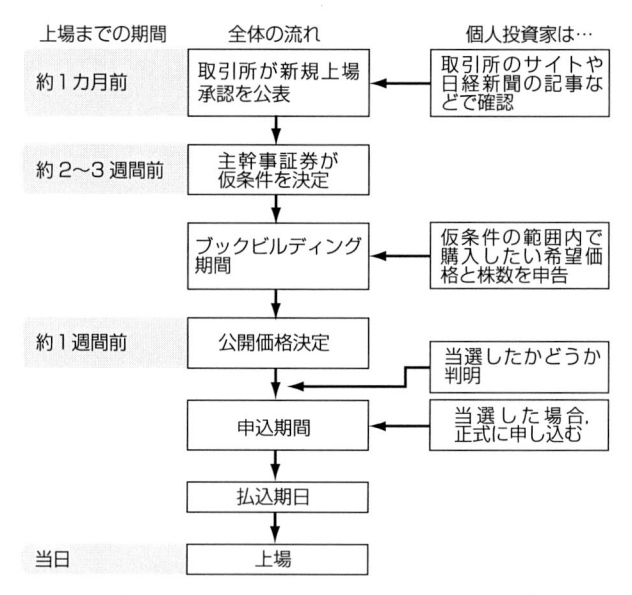

図4-3　企業が取引所に新規上場するまでのスケジュール
(出所)　『日本経済新聞』2009年9月27日.

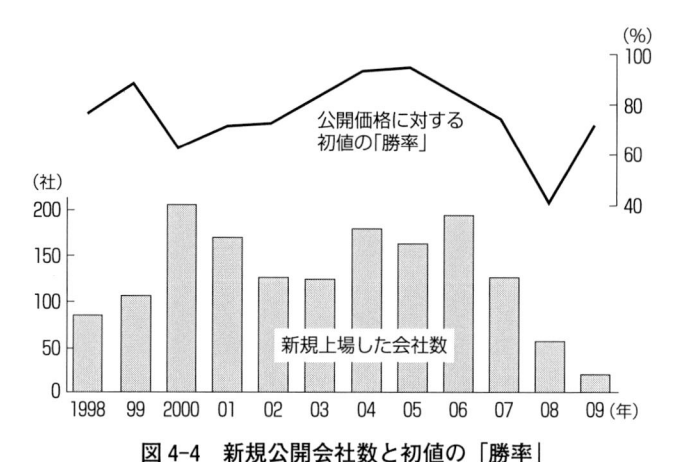

図4-4　新規公開会社数と初値の「勝率」
(注)　いちよし証券調べ．2009年は9月末まで．「勝率」は初値が公開価格を上回った場合を「勝ち」として算出．
(出所)　『日本経済新聞』2009年9月27日.

格を下回って推移すると，市場から株式を調達（シンジケートカバー取引）し，借入先に返却する．

なお，新規上場直後は，株価は乱高下する可能性が高いため，上場直後の株価を安定させる目的で，経営者やベンチャーキャピタル（VC）などの大株主に，持ち株売却を一定期間制限するロックアップ条項が設けられることもある．売却制限期間は通常，半年間で，主幹事証券会社が大株主と取り結ぶ．この条項がある場合，売却制限期間終了とともにVCなどは当該株式を売却することが多いので，需給に影響を及ぼす可能性がある．

注
1）このほか，譲渡制限株式，取得請求権付株式，取得条項付株式，全部取得条項付種類株式，拒否権付株式などがある．
2）もっとも，長期的な分析を行った大和証券SMBC金融研究所投資戦略部（吉野氏の研究グループ）によると，1998年4月から2009年9月末までに公募増資を実施した208銘柄を対象にTOPIXに対する株価動向は，長期的には回復する傾向にあるという報告もなされている（吉野貴晶ほか「公募増資企業の短期と長期の株式パフォーマンス」『日本株クオンツマンスリー』大和証券SMBC，2009年11月号）．
3）2010年4月に，大証とジャスダック証券取引所が合併した．
4）『日本経済新聞』2009年10月12日．
5）野村証券のサイトの証券用語解説集「ブックビルディング方式」（http://www.nomura.co.jp/terms/japan/hu/bookbuilding.html）．

参考文献
日本証券業協会証券教育広報センター・髙橋文郎編『新・証券市場2010』中央経済社，2010年．
日本証券経済研究所編『図説 日本の証券市場 2010年版』日本証券経済研究所，2010年．
吉野貴晶ほか「公募増資企業の短期と長期の株式パフォーマンス」『日本株クオンツマンスリー』大和証券SMBC，2009年11月号．

第5章　株式流通市場

1　証券取引所における売買制度

　流通市場とは，発行された株式が投資家と投資家の間でその時々の価格（時価）で売買される市場のことをいう．通常，投資家は株式を購入あるいは売却したい場合，証券会社に注文を出し，その証券会社を通して証券取引所に送られ，そこで売買が成立する．以下，東証の制度を中心に売買制度をみていく．
　投資家は注文する際には，対象となる銘柄，売り買いの別のほか，値段や株数を決める．売買値段を指定する注文を指値注文といい，売買値段を指定しない注文を成行注文という．指値注文を発注する際に申し出る値段を呼び値といい，売ろうと申し出る値段は売り呼び値，買おうと申し出る値段は買い呼び値という[1]．また，株式発行会社が決める一定株数を売買単位（1単元）とする単元株制度があるため，投資家はその整数倍以上しか発注できない．1単元に満たない株式は単元未満株といわれ，通常の方法で売買できず，証券会社の取り決めにより売買（相対取引），あるいは発行会社に対して買取請求や（単元株とするための）買増請求をすることが可能である．なお，売買が成立することを約定といい，通常，約定日後3営業日目に決済が行われる．
　証券取引所における株式の売買取引は，価格優先の原則と時間優先の原則にもとづくオークション方式により売買される．価格優先の原則とは，売り注文では値段の一番安い注文が他の注文に優先し，買い注文では値段の一番高い注文が他の注文に優先して執行されるという原則である．時間優先の原則とは，

同一値段の注文では，市場に先に出された注文が後に出された注文に優先して執行されるという原則である．この2つの原則により，注文の優先順位は公平に定められているが，1日の間での大幅な価格変動に一定の歯止めをかけるため，前日の終値を基準に一定の制限値幅（上限値段をストップ高，下限値段をストップ安）が定められており，制限値幅を超えた値段で注文を出すことはできない．

証券取引所で取引が行われる時間を立会時間といい，前場（9時〜11時），後場（12時30分〜15時）に取引が行われている．前場の取引開始時を寄り付き，取引終了時を前引け，後場の取引開始時を後場寄り，取引終了時を大引け，前場・後場の取引開始から終了までをザラバという．

証券取引所における株式の売買は個別競争売買により行われ，それには板寄せ方式とザラバ方式の2種類の株価決定方法がある．

板寄せ方式は，前場と後場の寄り付きや引けで始値や終値を決定する場合や，売買が中断された場合の再開後最初の値段を決定する場合などに用いられるものである．この方法は，売り注文と買い注文の優先順位の高いものから順次対当させ，数量的に合致する値段を求め，この値段を約定値段として売買を成立させるものである．なお，始値が決定されるまでの注文はすべて同時に受け付けた注文（同時注文）とされ，時間優先の原則は適用されない．では始値の決定を具体的にみていく．立会時間前の注文状況が**表 5-1 (a)** ようになっていたとする．これを，成行注文はいくらでもよく，指値注文は売りの場合は指値以上で売り，買いの場合は指値以下で買うことを意味するため，売り注文については成行注文から安い値段の指値注文の順に加算し，買い注文については成行注文から高い値段の指値注文の順に加算し，累計数量を計算したものが，**表 5-1 (b)** である．この結果，801円のところで売り注文と買い注文の株数は8000株ずつで数量的に合致するので，始値は801円となり，売り注文のA社，G社の注文，買い注文のB社，H社，I社の注文との間で売買が成立する．板寄せ方式で売買が成立しなかった売買注文は，ザラバ方式により処理される．

ザラバ方式とは，始値が決定された後，終値が決まるまでの間の立会時間中

表5-1 板寄せ方式

(a) 立会時間前の状況

売り注文	値段	買い注文
A社 3,000株	成行	B社 4,000株
C社 1,000株, D社 3,000株	803	
E社 3,000株, F社 2,000株	802	H社 1,000株
G社 5,000株	801	I社 3,000株
	800	J社 3,000株, K社 1,000株

(b) 売買取引の成立

売り注文	値段	買い注文
17,000株	803	4,000株
13,000株	802	5,000株
8,000株	801	8,000株
3,000株	800	12,000株

表5-2 ザラバ方式

売り注文	値段	買い注文
C社 1,000株, D社 3,000株	803	
E社 3,000株, F社 2,000株	802	
	801	A社 2,000株, B社 1,000株
	800	J社 3,000株, K社 1,000株
	799	L社 5,000株, M社 2,000株

(注) 内側の注文の方が先に出されたことを示す．

(ザラバ)に継続して行われる価格決定の方法で，価格優先の原則，時間優先の原則に従って，売り注文と買い注文が一致するごとに約定が成立する．具体的には，**表5-2**のような注文状況であった場合，売り注文では，価格優先の原則により802円のE社とF社の注文が優先し，時間優先の原則によりF社の注文が優先する．同様に買い注文では，A社の注文がもっとも優先する．ここに新たにN社から802円で3000株の買い注文があったとき，価格優先の原則によりA社に優先して，F社の2000株全部と，E社の3000株のうち1000株の間で売買が成立する．

証券取引所で売買が成立すると，清算機関で清算され，決済機関で決済が行

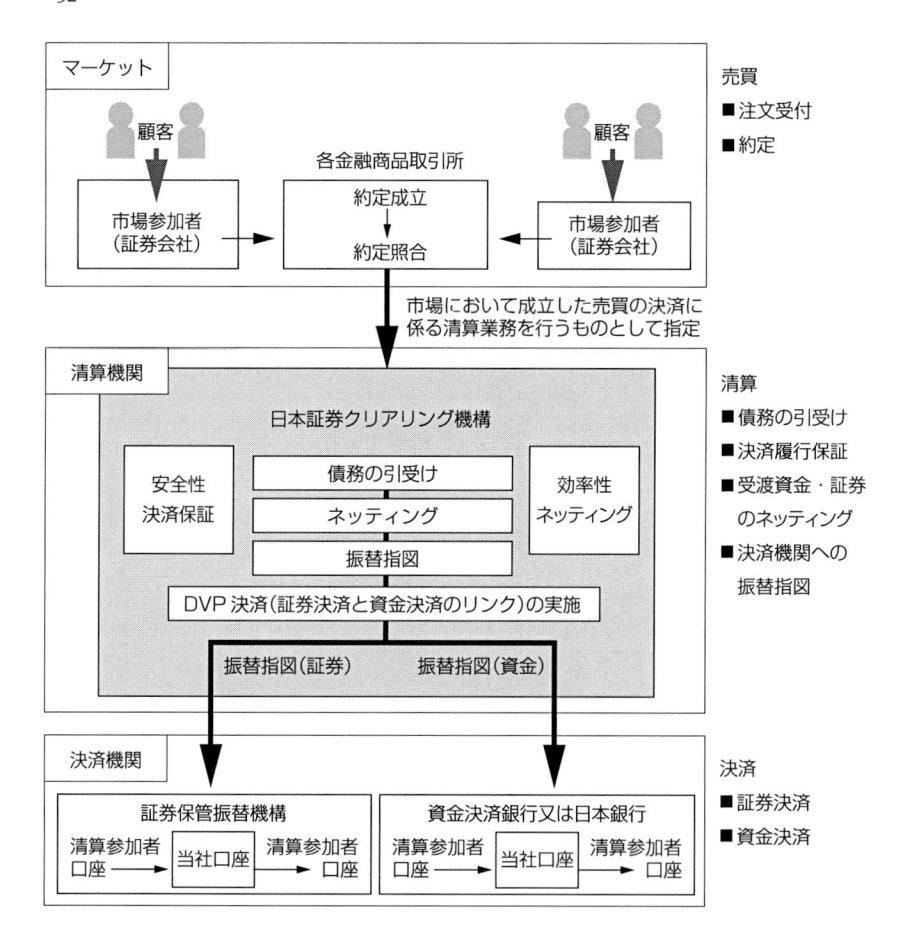

図 5-1 売買から決済に至る関連諸機関（有価証券の売買に係る清算・決済）
(注) 図中の「当社口座」は日本証券クリアリング機構を指す．
(出所) 日本証券クリアリング機構のHP（http://www.jscc.co.jp/）．

われる（図5-1参照）．清算機関とは，売買の相手側に代わり，証券の受渡しや資金（決済代金）の受払いについて債務の引き受けを行い，決済履行を保証する主体であり，日本証券クリアリング機構がこれに当たっている．同機構は決済の相手方として，決済機関に対して証券や資金の振替指図を行っている．決済機関は，株式や新株予約権付社債などは証券保管振替機構，国債は日本銀行，

資金は日本銀行又は資金決済銀行（日本証券クリアリング機構が指定する市中銀行）である．

2 信用取引

　株式取引が円滑に行われ，公正な価格が形成されるためには，多くの需要と供給が必要であることから，一般取引による実需給に加え，信用取引による仮需給が導入されている．信用取引とは，証券会社が顧客に信用を供与して行う取引のことで，顧客に対する金銭または有価証券の貸付又は立て替えをする取引である．信用取引の買い（空買い）は，株式の買付に必要な代金を証券会社から借りて株式を購入する取引で，信用取引の売り（空売り）は，売付に必要な株式を証券会社から借りて株式を売却する取引である．

　信用取引を行う際は，証券会社により異なるが，取引金額の3割以上（最低30万円）を委託保証金として差し入れる必要がある．委託保証金は現金だけでなく，株式や公社債なども代用有価証券として差し入れることが可能である（不可の場合もある）．また，信用取引を行った際には，通常一カ月経過するごとに管理費が発生し，加えて買い方には約定金額に対して金利（信用金利）が，売り方には貸株料が発生する．さらに，信用取引で貸借される株式が不足すると品貸料（逆日歩）が発生し，売り方は買い方にこれを支払わなければならない．

　信用取引は証券会社が投資家に買付代金や売付株券を貸すわけであるが，証券会社がこれらを調達できない時は，証券金融会社から調達する．この証券会社と証券金融会社との間の取引を貸借取引といい，貸借取引が行われている銘柄を貸借銘柄という．

　信用取引には，制度信用取引と一般信用取引がある．制度信用取引とは，取引所の規則により決済（弁済）期限や品貸料の金額が決められており，決済までの期間は最長6カ月間で，期日までに必ず決済する必要がある．対象銘柄は上場株式のうち一定の基準を満たした信用銘柄であり，このうち貸借銘柄は基

本的に空売りは可能であるが，貸借銘柄でない信用銘柄（非貸借信用銘柄）は原則空売りはできない．これに対して一般信用取引は，決済（弁済）期限等を投資家と証券会社との間で自由に決めることができる取引であるが，証券会社は貸借取引ができないため，取引には制限がある．

信用取引は，株価の下落局面でも利益を得ることが可能で，保有資産の最大約3倍取引が可能であるなど大きなリターンを期待できる半面，大きなリスクもある．信用取引で売買した株式が，相場の変動により評価損が大きくなった場合や，代用有価証券が値下がりして必要額より不足した場合，委託保証金を追加差し入れする必要がある．これを追い証（追加保証金）という．

信用取引の決済方法には，差金決済（反対売買）と現物決済がある．差金決済は，反対売買（売却または買い戻し）を行い売買価格差（差金）の受払いを行うものである．現物決済は，信用取引の買い方が買付代金相当額を渡して株式を受取る現引きと，売り方が売付株式を差し出し代金を受取る現渡しがある．

3　株式所有構造

日本の株式所有構造は，個人株主比率が低下する一方で，金融機関や事業法人による株式の持ち合いが多いのが特徴であった（図5-2参照）．これは，① 取引所再開後，旧財閥系のグループ企業が株式を相互に保有する株式持ち合いが進んだ1949年から1960年代前半頃，② 資本自由化による外国企業による買収を恐れ，これを防ぐために企業間で安定株主を増やす安定株主政策を進めた結果，事業会社の持株比率が上昇した1960年代半ばから第一次石油危機の1973年頃，③ 株価上昇を背景とした大量の株式発行を引き受けた金融機関による持株比率が上昇した1980年代後半の3期に渡って構築された．[2] しかし，1990年代に入り，バブル崩壊後の企業収益の低迷や，保有株式の含み益の減少や損失発生により，金融機関や事業法人などの保有比率は低下し，株式の持ち合い関係の解消が進展した．さらに，時価会計の導入や，銀行に対して保有株

図 5-2　所有者別持株比率の推移

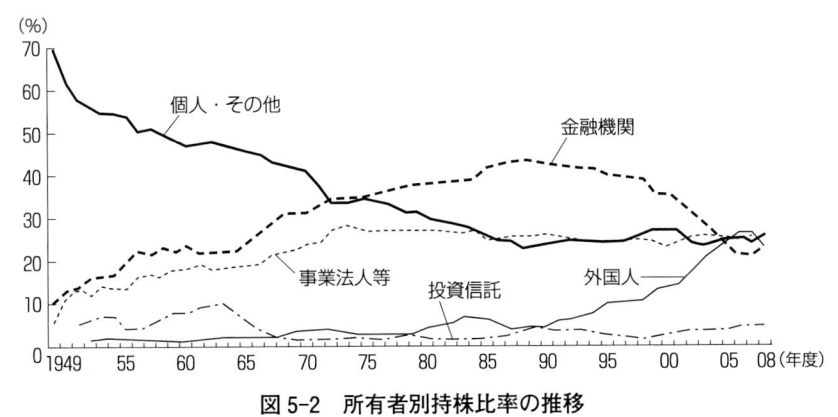

(注)　1．1985年度以降は単位株ベース，2001年度から単元株ベース．
　　　2．金融機関は投資信託を除く．
　　　3．2005年度調査まで調査対象会社となっていたライブドアは，大幅な株式分割の実施等により，2004年度調査から単元株が大幅に増加し，同社1社の単元数が集計対象会社全体の単元数の相当数を占めることとなったことから，これを除外している．
(出所)　全国証券取引所「株式分布状況調査」2009年．

図 5-3　株式持ち合い比率（野村證券金融経済研究所の推計）

(注)　持ち合い比率：上場企業が保有する上場企業株式の市場全体に占める割合．
(出所)　『日本経済新聞』2009年7月5日．

式を中核的な自己資本の範囲内に減らすよう求めた銀行株式保有制限法などにより，2000年代前半もこの動きは続いた．この間，持ち合い株式の受け皿となったのは，外国人投資家を中心とする国内外の機関投資家といった純投資家の他，銀行等が保有する株式及び銀行等が保有株式を売却した企業が保有する銀

行等の株式を買い取る銀行等保有株式取得機構，主に大手銀行が保有する株式を買い取る日本銀行による銀行保有株式の買い取り，ETF（指数連動型上場投資信託）の組成，企業による自社株取得などである．しかし，2000年代半ば以降は，取引関係の強化に加え，敵対的企業買収の可能性の拡大やアクティビスト・ファンドの台頭などもあり，株式持ち合いが強化される動きもあり，持ち合い比率は横ばい状態になっている（図5-3参照）．

　株式持ち合いは，業務・資本提携などでお互いの事業拡大に資するメリットがある反面，なれ合いで経営者が保身に悪用する，浮動株が減り既存株主の利益侵害の恐れがある，株価下落局面で保有企業は減損処理が必要になるなどのデメリットもある．

4　証券取引所と市場間競争

　市場間競争とは，注文執行量の獲得競争，銘柄獲得競争，市場が提供するサービスを巡る競争などをいう．注文執行量の獲得競争については，株式の売買代金の約9割は東証に集中しており，東証が圧勝の状況にある．この東証集中化の最大の要因は，経済の東京一極集中化現象である．つまり，行政機関のみならず企業，なかでも金融機関や機関投資家等の本社機能が東京にあり，この経済環境が，株式売買の東証一極集中化を促進させた要因になったのである．なお，現時点では注文執行量は多くないが，近年売買を増やしている市場にPTS（私設取引システム）がある．PTSは既存の取引所以外での株式売買市場であり，証券会社などが投資家の売買注文を処理するものである．証券取引所の取引時間或いはそれ以外の時間帯に株式売買を行うことが可能で，なかには深夜でも売買が行えるPTSもあり，将来証券取引所にとって脅威になる可能性もある．

　株式の売買が東証に集中することにより，市場としての地位やブランドが高まり，新規に株式公開をする企業にとっての目標の市場となっていることから，

銘柄獲得競争でも東証は優位にある．ただし，新興企業向け株式市場への新規上場企業数においては，東証のマザーズ市場より大証のジャスダック市場の方が，伝統があり，上場会社数が多く，市場規模も大きいことから優っている．

　株式以外では，ETF（上場投資信託）に関しては，金価格や中国の株価指数に連動するETFを上場させるなど銘柄獲得に積極的な大証が，東証とほぼ互角の競争をしている．また，デリバティブに関しては，デリバティブ市場開設に先駆的な役割を果たしたことや，投資家になじみのある日経平均株価を対象にした先物取引やオプション取引を上場したこともあり，大証が優位である．ただし日経平均株価を対象とする先物取引は，シンガポール取引所（SGX）やシカゴ・マーカンタイル取引所でも取引が行われ，SGXの売買高は大証を上回る時がある．国境を越えた競争に勝つため，大証では夜間取引の時間を延長するなどの対応を行っている．またその他，大証は2009年7月に外国為替証拠金取引（FX）市場「大証FX」を開設したり，2010年1月に東証で次世代株式売買システム「arrowhead」が稼働したりするなど，取引所は様々なサービスを提供し，市場間の国際的な競争時代を生き残るための対応もしている．

　一方，海外，特に欧米での市場間競争は活発に行われており，その過程で国内の取引所の統合や，国境を越えての取引所の統合が相次いでいる．1991年にフランスが地方取引所を統合し単一の取引所に再編したのを皮切りに，イタリアやスイスでも同様の動きが起こっている．次いで，2000年にはパリ証券取引所を中心にブリュッセル，アムステルダム取引所が合併してユーロネクストが発足し，スウェーデンのOMがデンマーク，ノルウェーなどとNOREXアライアンスを形成した後にHEX（フィンランド取引所）を加えてOMXを2003年に形成し，2007年にはロンドン証券取引所とイタリア証券取引所が合併するなど，欧州域内での統合が相次いで起こっている[7]．また，2007年にはNYSE（ニューヨーク証券取引所）とユーロネクストが，2008年にはNASDAQとOMXが合併するなど，グローバルな統合が行われている．

5　投資指標

（1）株価指数

　株式市場の全体の動向について表すモノサシを株価指数という．代表的な株価指数には，単純平均株価，日経平均株価，東証株価指数といったものがある．

　単純平均株価は，対象となる個々の銘柄の株価を合計し，その銘柄数で割って算出されるものである[8]．

　日経平均株価は，東証一部上場銘柄のうち市場を代表する225銘柄の株価の合計を除数で割って算出されるものである[9]．株価は証券取引所の株価を全てそのまま用いるのではなく，「みなし50円額面」換算される．「みなし50円額面」は，2001年商法改正で廃止されるまで存在した株式の額面をベースにしたもので，全ての銘柄を旧50円額面換算して求めたものである．また除数とは，株式分割による権利落ちや銘柄入れ替えなどが生じた場合に，指数に連続性を持たせるために用いられるものである．

　東証株価指数はTOPIXと呼ばれ，東証一部上場全銘柄の時価総額を加重平均して算出されるもので，1968年1月4日の時価総額を100とし，その後の時価総額を指数化したものである[10]．新規上場，公募増資などにより上場株式数に増減が生じた場合には，指数の連続性を維持するため基準時時価総額により修正される．

（2）投資尺度

　株式投資を行ううえで，銘柄選択のモノサシとなるのが投資尺度である．ただし，どの投資尺度もそれだけで万全というわけではなく，他の尺度と組み合わせて判断する必要がある．代表的な投資尺度には，配当利回り，株価収益率，株価純資産倍率，株主資本利益率などがある．

　配当利回りは，配当金を株価で割った比率で，株式投資額のうち何％が1年

間に配当金として得ることができたかを示すものである．配当利回りの特徴は，預貯金など他の金融商品と直接，かつ簡単に収益率を比較できることである．

$$配当利回り(\%) = \frac{1株当たり年間配当金}{株価} \times 100$$

株価収益率（PER：Price Earnings Ratio）は，株価を1株当たり税引き後利益で割って算出したもので，企業の収益力に対して，株価がどの程度の水準にあるかを示すものである．分母となる税引き後利益は通常，予想利益が用いられる．この尺度は，市場平均や同業他社と比較することで割高か割安かの判断に利用される．

$$PER(倍) = \frac{株価}{1株当たり税引き後利益}$$

株価純資産倍率（PBR：Price Book-value Ratio）は，株価を1株当たり純資産（株主資本）で割って算出したもので，株式の時価総額が純資産の何倍にあたるかを示すものである．純資産は企業が解散した場合に，資産から債務を差し引いて株主の手元に残る解散価値を表すため，PBRが1倍未満になれば割安と判断されることが多い．

$$PBR(倍) = \frac{株価}{1株当たり純資産}$$

株主資本利益率（ROE：Return on Equity）は，株主資本と利益との関係を示したもので，純資産（株主資本）をいかに効率的に使って利益を生んでいるかを示すものである．ROE自体は直接，株価の割高や割安を判断する尺度ではないが，海外投資家を中心に機関投資家などに重要視されている．

$$ROE(\%) = \frac{1株当たり税引き後利益}{1株当たり純資産} \times 100$$

注

1）呼び値の刻みは株価の水準により決まっており，例えば3000円以下の値段で注文を出す場合は1円刻み，3000円超から5000円以下の場合には5円刻み，となっている．
2）西山賢吾「日本の株式保有構造の変遷と株主還元」『財界観測』68(2)，2005年，参照．
3）「保有不動産の資産価値さえ株価に十分反映されていない割安株に目をつけ，増配や資本政策の見直しを持ちかけ，場合によっては買収するとけん制し，資本政策の変更による株価上昇などで利ざやを稼ぐ」(『日本経済新聞』2007年8月9日)ファンドである．
4）『日本経済新聞』2009年7月5日参照．
5）2009年末時点で，SBIジャパンネクスト証券，インスティネット証券，カブドットコム証券，松井証券，マネックス証券，大和証券の6社がある．
6）2009年春に証券取引所とPTSを比較して自動的なもっとも有利な価格で売買可能なシステムが開発されたのを契機に，外国人投資家を中心とした機関投資家の利用が急増し，それ以降，売買代金はジャスダック市場とほぼ互角の水準で推移している(『日本経済新聞』2009年11月21日参照)．
7）日本証券経済研究所編『図説 ヨーロッパの証券市場 2009年版』日本証券経済研究所，2008年，pp.254-259参照．
8）単純平均株価は次の数式により求められる．

$$単純平均株価 = \frac{対象銘柄の株価合計}{銘柄数}$$

9）日経平均株価は下記の数式により求められる．

$$日経平均株価 = \frac{225銘柄の指数採用株価合計}{除数}$$

$$指数採用株価 = 株価 \times \frac{50}{みなし額面}$$

$$新除数 = 前日除数 \times \frac{前日株価合計 \pm 新株落ち分}{前日株価合計}$$

10）TOPIXは下記の数式により求められる．

$$TOPIX = \frac{比較時時価総額}{基準時時価総額} \times 100$$

$$新基準時時価総額 = \frac{前日時価総額 \pm 修正額}{前日時価総額}$$

参考文献

西山賢吾「日本の株式保有構造の変遷と株主還元」『財界観測』68(2) 2005年春.
日本証券業協会証券教育広報センター・高橋文郎編『新・証券市場2009』中央経済社,
　　2009年.
日本証券経済研究所編『図説 日本の証券市場 2008年版』日本証券経済研究所, 2008年.
日本証券経済研究所編『図説 ヨーロッパの証券市場 2009年版』日本証券経済研究所,
　　2009年.

第6章 ベンチャー企業と株式市場

1 ベンチャー企業

(1) ベンチャー企業と中小企業

　ベンチャー企業とは，新規に興され創業からあまり年数が経っておらず，かつ，独自の製品や技術で急成長している企業をいう．ベンチャー企業は規模が小さいので大企業・中小企業という企業区分としては中小企業であるが，通常の中小企業とはいくつかの点で異なる（**表6-1**参照）．例えば，ベンチャー企業は起業家に強い夢があり，その夢を実現するための強い成長意欲，さらに果敢なリスクへの挑戦心があることが，通常の中小企業の大きく異なる．また，製

表6-1　ベンチャー企業と通常の中小企業の比較

構成要素	ベンチャー企業	通常の中小企業
高い志	強い夢・ロマン・情熱 強い成長意欲 早い時点の世界への飛躍	弱い夢・ロマン 弱い成長意欲 国内展開のみ
挑　戦	果敢なリスクへの挑戦 継続的なチャレンジ	リスク回避，能力の範囲内 安定指向経営
実　現	製品・サービスの独創性 新しいビジネスモデル	通常の製品・サービス 新規性のないビジネス
社会性	強い株式公開指向 雇用促進，環境保護	自分の会社指向 身内による経営

（出所）　榊原清則・前田昇・小倉都「ベンチャー企業の育成と経営管理」，野中郁次郎編『イノベーションとベンチャー企業』八千代出版，2002年，p.221．

品・サービスの独創性があるか否かでもベンチャー企業と通常の中小企業とでは異なる．さらに，ベンチャー企業は会社が一定規模に達すると証券取引所に株式を公開して創業者利潤を獲得し，上場企業になることを目標にしている点でも通常の中小企業とは異なるといえる．

（2）ベンチャー企業の成長と資金

ベンチャー企業が創業され，株式を証券市場に新規に株式公開（IPO）するまでには，いくつかのステージがある．大枠では，起業家がなんらかの起業動機を抱きベンチャー企業を創業し，事業開始の初期段階までをスタート・アップ期，事業が拡大する急成長期，事業が安定しIPOなどを目指す安定期の3つに分類できる（図6-1参照）．

スタート・アップ期の起業前や起業直後における資金は，自己資金，家族や親族，友人知人といった3F（Founder, Family, Friends）からの調達や，助成金や補助金による支援制度の活用，金融機関からの融資などにより調達される．このほかエンジェルからの資金調達もわずかであるが行われる．起業後から急成長期にかけての主な資金調達先としては，政府系・民間系ベンチャーキャピタルがある．そしてこの段階からベンチャー企業は，株式公開を目指すことが多く，上場審査基準を満たせば積極的に株式公開をすることが多い．ベンチャー企業がその株式を公開する市場は主に新興企業向け株式市場（新興株式市場）であり，この市場は既存の市場（例えば東証二部市場）の上場審査基準よりも緩やかであるため，創業まもないベンチャー企業も株式を公開することが可能である．

2 エンジェルとベンチャーキャピタル

（1）エンジェル

エンジェルとは，創業期のベンチャー企業に出資する個人投資家を指し，起業家であることが多い．出資だけではなく経営に関する助言も積極的に行うケ

第6章　ベンチャー企業と株式市場　65

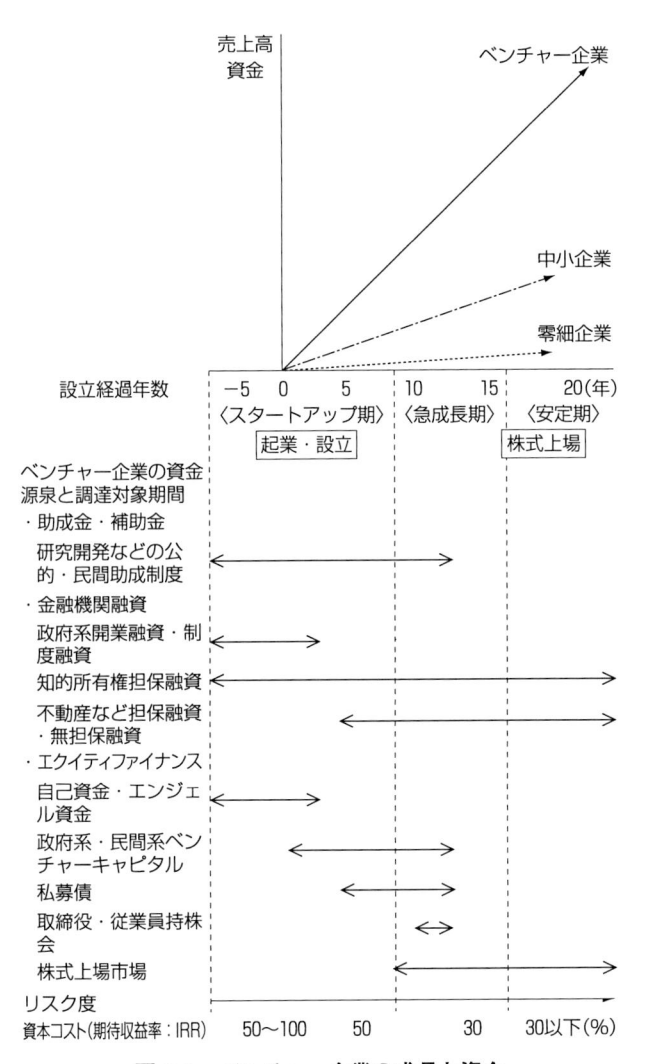

図6-1　ベンチャー企業の成長と資金

(出所)　松田修一『ベンチャー企業〈第3版〉』日本経済新聞社，2005年，p.95.

優遇措置 A

(ベンチャー企業への投資額 −5,000円) を, その年の総所得金額から控除

※控除対象となる投資額の上限は, 総所得金額×40%と1,000万円のいずれか低いほう

優遇措置 Aの対象となる企業
I. 創業(設立)3年未満の中小企業者であること
II. 下記のイ, ロ要件のいずれかを満たす事

設立経過年数(事業年度)	イ要件(技術開発型)	ロ要件(ニュービジネス型)
1年未満	研究者が2人以上かつ全従業員の10%以上	開発者が2人以上かつ全従業員の10%以上
1年以上〜2年未満	試験研究費等(宣伝費, マーケティング費用を含む)が売上高の3%超で直前期までの営業キャッシュ・フローが赤字	開発者が2人以上かつ全従業員の10%以上で直前期までの営業キャッシュ・フローが赤字
2年以上〜3年未満		売上高成長率が25%超で直前期までの営業キャッシュ・フローが赤字

優遇措置 B

ベンチャー企業への投資額全額を, その年の他の株式譲渡益から控除

※控除対象となる投資額の上限なし

優遇措置 Bの対象となる企業
I. 創業(設立)10年未満の中小企業者であること
II. 下記のイ, ロ要件のいずれかを満たす事

設立経過年数(事業年度)	イ要件(技術開発型)	ロ要件(ニュービジネス型)
1年未満	研究者が2人以上かつ全従業員の10%以上	開発者が2人以上かつ全従業員の10%以上
1年以上〜2年未満	試験研究費等(宣伝費, マーケティング費用を含む)が売上高の3%超	開発者が2人以上かつ全従業員の10%以上
2年以上〜5年未満		売上高成長率が25%超
5年以上〜10年未満	試験研究費等(宣伝費, マーケティング費用を含む)が売上高の5%超	

図 6-2　ベンチャー企業へ投資した年に受けられる優遇措置及び対象企業
(出所) 経済産業省 HP.

ースもある. 創業前後で資金調達が難しい段階での資金調達先として期待できるエンジェルを増やすための支援制度の1つに, エンジェル税制がある. これは, 1997年に創設されたもので, ベンチャー企業への個人投資家の投資に対して税優遇措置を設けることで, ベンチャー投資のリスクを減し, 起業家の資金調達をサポートするものである. しかし, その利用は長らく低迷し, 税制改正が行われた2008年度以前での最高の投資額は2005年度の25億円であった. エンジェル投資が年1000億円から1兆円を超す規模の英米に大きく離されている[1]. 低迷していた原因は, ベンチャー企業への投資額を差し引けるのはほか

の企業の株式を売却した際の譲渡益のみであったため，投資時点で他社の株式譲渡益がない投資家には税軽減措置がなかったためである．そこで 2008 年度の税制改正により，幅広い個人投資家が優遇措置を受けられるよう他の企業へ株式投資をしていない投資家にも優遇措置が広げられた．個人投資家が「創業 3 年未満」「試験研究費が売上高の 3 ％超」などの条件を満たすベンチャー企業に投資する場合，1 年間の出資額から 5000 円を除いた金額を課税所得から差し引けることができるようになった[2]（優遇措置 A）(**図 6-2** 参照)．従来あったベンチャー企業への投資額全額を株式譲渡益から差し引く制度も引き続き利用できる（優遇措置 B）．また，創業まもない企業に分散投資するエンジェルファンドへの出資も優遇対象になった．

（2） ベンチャーキャピタル

ベンチャーキャピタル（VC：Venture Capital）とは，「新産業を創出するベンチャー企業にリスクファイナンス（主としてリスクキャピタル）を主として供給し，ベンチャー企業の企業価値向上の支援をするファイナンス企業」である[3]．VC のベンチャー企業向け投融資は，近年 2500 社以上の会社に対して 2000 億円前後行われていた（**図 6-3** 参照）．しかし後述するように，IPO 市場が低迷したこ

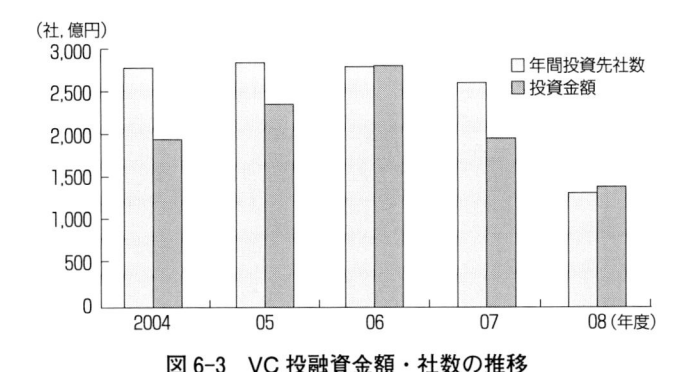

図 6-3　VC 投融資金額・社数の推移

（出所）　ベンチャーエンタープライズセンター『ベンチャーキャピタル等投資動向調査報告』各年版．

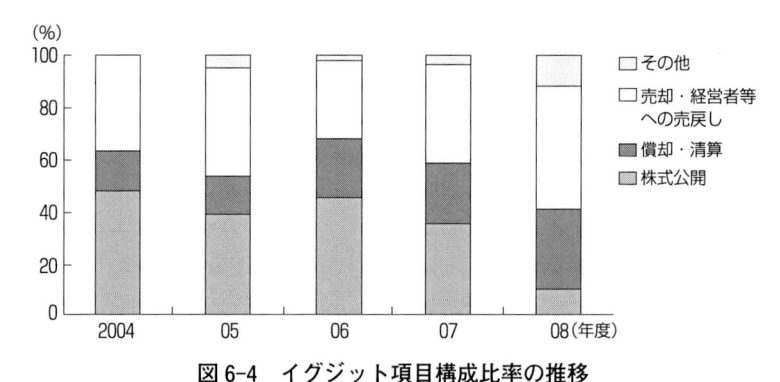

図6-4 イグジット項目構成比率の推移

(出所) ベンチャーエンタープライズセンター『ベンチャーキャピタル等投資動向調査報告』各年版.

とにより，IPO に伴い保有株式を売却する投融資の出口（イグジット）機会の枯渇により資金回収がままならず投資余力が低下したこと，全体的な景気低迷で投資対象の業績が芳しくなかったこと，ファンド組成の不調状況などが影響したこともあり，2006年度をピーク減少傾向にある[4]．

IPO の減少に伴い，VC のイグジットの構成比も変化している（図6-4参照）．4割前後で推移してきた IPO の比率は大幅に低下し，代わって「売却・経営者等への売戻し」や「償却・清算」が増加している．

その他，ベンチャー投資活性化策として期待されるのが，2009年7月に設立された産業革新機構である．同機構は，官民の出資を受け，特許や先端技術の事業化を支援するファンドである．「成功例がいくつか出れば民間資金も呼び込んで好循環を作れる」という期待もある[5]．

3 新興株式市場

(1) 新興株式市場の歩み

新興株式市場とは，主にベンチャー企業向けの株式市場を指し，日本では大証のジャスダック（NEO を含む）とヘラクレス，東証のマザーズ，名証のセント

表 6-2　主な市場の上場基準

	ジャスダック	マザーズ	東証二部
株主数	1万単元未満…300人以上 1万以上2万単元未満…400人以上 2万単元以上…500人以上	300人以上（上場時まで500単位以上の公募）	800人以上
時価総額	10億円以上	10億円以上	20億円以上
純資産	2億円以上	—	10億円以上
利益	純利益黒字または経常利益5億円．ただし上場日に上場時価総額が50億円以上（見込み）なら赤字も可	—	経常利益か税引き前利益の低い方で直前期4億円等

(出所)　各証券取引所のHP．

レックス，札証のアンビシャス，福証のQボードがある（2010年4月現在）．これらの市場は，事業継続年数や直前期の利益の面などで，第二部市場よりも上場基準は緩やかである（表6-2参照）．創業から日の浅いベンチャー企業など実績や資金力の乏しい企業でも，ビジネスの新規性や将来の成長性によって資金調達の道を開くためである[6]．その新興株式市場で，もっとも歴史があるのがジャスダック市場である．

　ジャスダック市場の起源は，1949年5月に戦後の取引所取引が再開された翌月に創設された「店頭売買承認銘柄制度」である．同制度は，日本証券業協会（日証協）が，非上場銘柄を証券会社間での店頭で取引を行うことを承認したものであるが，1961年に東証，大証，名証に第二部市場が創設され，大半の銘柄が取引所に移ったのを機に廃止された．1963には再び日証協により「店頭登録制度」が創設され，第二部市場創設時に上場できなかった銘柄は同制度に移行された．1976年には店頭売買の仲介専門会社として日本店頭証券が設立された．その店頭登録市場が整備される契機となったのが，1983年6月に公表された証取審報告書「株式市場の機能拡充について」であった．これを受けて，中堅・中小企業の資金調達手段の多様化及び投資家への新たな投資機会の提供の促進のため，店頭登録市場の整備・活性化の方向が打ち出され，登録基準の緩和，公募増資の解禁，情報開示の充実等が行われ，新しい株式店頭市場が発

足した[7]．それ以降，店頭市場はベンチャー企業向けの株式市場として登録銘柄及び売買高は飛躍的に増加するなど急速に成長し，1998年の金融制度改革法により「店頭売買有価証券市場」と定義され，証券取引所の補完的位置付けから並列・競合する市場となった．

　1999年6月には，ソフトバンクが米国のNASDAQと共同でベンチャー企業向けの株式市場を開設すると発表したのを受け，これに対抗する形で全国の証券取引所で新興株式市場の開設が相次いだ．1999年10月にはセントレックスが，同年11月にはマザーズ[8]が開設され，ナスダック・ジャパン市場が大証に開設された2000年にはアンビシャス，Qボードも開設された．なお，ナスダック・ジャパン市場は大証がナスダック・ジャパンと業務協力契約を解消したのに伴い，2002年12月にヘラクレスに名称変更された．その大証には，2001年12月に未公開株企業を中心とするベンチャー企業を主な投資対象とする投資法人のためのベンチャーファンド市場も開設された．

　ジャスダック市場は，1998年以降，市場運営を担っていたジャスダック（2001年にジャスダック・サービスから商号変更）が，2004年に証券取引所の免許を取得したことに伴い，ジャスダック証券取引所となった．また，2007年にはジャスダック市場に，先端技術の実用化を目指す企業向けの新市場であるNEO（ネオ）[9]を開設された．NEOが対象とするのはバイオやロボット関連企業などで，上場基準はジャスダックより緩やかであるが，上場審査前に技術評価委員会で技術評価書の内容が評価され，上場会社の3年以上の期間に係る事業計画の内容及び前提条件などを付記したマイルストーン開示という行程表の公表が義務付けられるという条件がある．

　なお，ジャスダック証券取引所は，2008年には日証協から大証の子会社，2009年には大証の完全子会社となり，2010年4月には大証と経営統合した．これを受け，ジャスダック市場は2010年10月にヘラクレス市場と統合することになった．

　また2009年6月には，東証がイギリスのロンドン証券取引所と共同で

TOKYO AIM 取引所を開設した．同市場は，日本やアジアの成長企業が資金調達をする市場で，市場参加者を機関投資家などに限定したいわゆる「プロ投資家向け市場」である．市場運営はロンドン証券取引所が運営する AIM（Alternative Investment Market）における Nomad（Nominated Adviser）制度が大幅に取り入れられ，上場会社は J-Nomad と呼ばれる指定アドバイザーの維持が義務付けられ，この J-Nomad が上場適格性を評価し，それを維持できるよう継続的なサポートを行うことになっている（2010 年 4 月末現在，上場企業はない）．

（2） 新興株式市場の概略

新興株式市場で，上場会社数及び時価総額がもっとも多いのは，もっとも歴史が長いジャスダックで，マザーズ，ヘラクレスがこれに続き，この三市場を新興三市場という（**表 6-3** 参照）．新規株式公開（IPO）もジャスダックがもっとも多く，これも新興三市場で大半を占める．新規株式公開会社数に関しては，2007 年までは 100 社超の企業が上場していたが，2009 年は 20 社を割り込むなど激減した（**図 6-5** 参照）．世界的な景気悪化による業績不振に加え，マーケット環境の悪化や 2007 年までの IPO ブームの反動に加え，2009 年は株券電子化への移行や内部統制報告書制度の導入なども影響した[10]．中でもセントレックス，アンビシャス，Q ボードの新興三市場以外の三市場は苦戦している[11]．

表 6-3　新興株式市場の規模

	上場会社数	時価総額	売買代金
ジャスダック	889	8 兆 3,397	30,944.3
マザーズ	183	1 兆 4,838	38,293.7
ヘラクレス	149	7,057	9,149.6
セントレックス	28	492	140.8
アンビシャス	10	74	8.5
Q ボード	10	47	4.3

（注）　時価総額，売買代金の単位は億円．上場会社数，時価総額は 2009 年末時点．売買代金は 2009 年年間合計．ジャスダックには NEO を含む．
（出所）　各証券取引所の HP より作成．

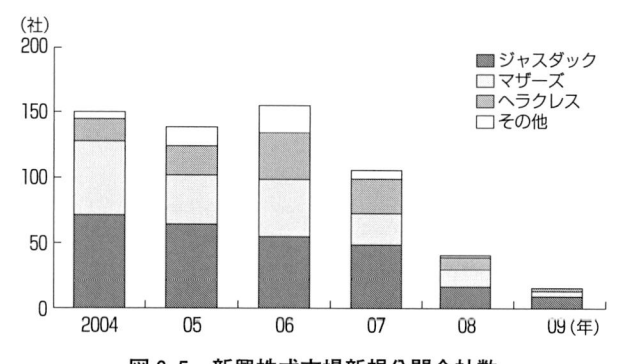

図 6-5　新興株式市場新規公開会社数
(出所)　各証券取引所の HP より作成.

　株式売買代金では，ここ数年はマザーズがもっとも多く，ジャスダックは2位となっている（図6-6参照）．株式売買代金は，2006年の年間60兆円から市場の低迷とともに大きく落ち込み続け，2009年には8兆円を割り込んだ．このことは資金運用者から見ると流動性，規模の面で魅力が乏しいものと映り，それがまた売買金額の低迷につながっている面がある[12]．

　新興三市場には，創業者の一族など特定の大株主が株式の大半を保有したままの企業が多く，一部市場と比べ流通する株数が少ないうえ，長期の株安で売るに売れない構図が定着していることもあり，取引の成立日数が月の半分に満たない銘柄数は全体の約15％上っている[13]．

　流動性の低下には取引所も対策を講じようとしている．具体的には，浮動株による時価総額の規制が設けられ，決算期末時点の浮動株数ベースの時価総額が一定未満になり，1年以内に回避できないと上場廃止にするというもので，マザーズでは既に導入され，2010年10月に統合する新ジャスダックでも導入されることになった．さらにマザーズでは，2009年11月9日以降に新規上場した企業を対象に，上場後3年以内に，株価が基準（上場時の公募価格）の1割未満の状況が9カ月間続けば上場が廃止されることになるなど上場廃止基準が強化されている[14]．

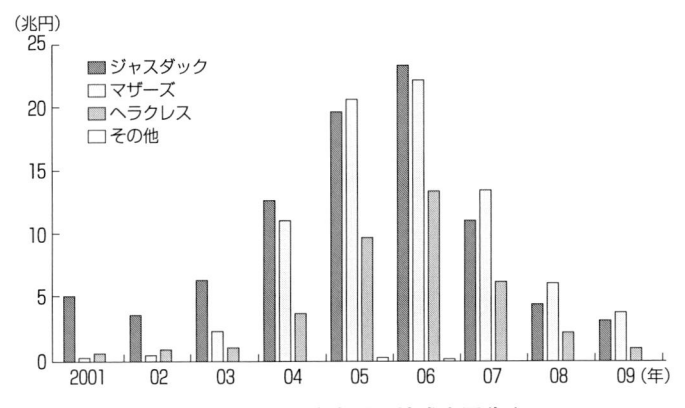

図6-6　新興株式市場の株式売買代金
（出所）各証券取引所のHPより作成.

（3） 店頭有価証券等

　株式市場には取引所が開設する市場とそれ以外の市場である店頭市場があり，前者での売買取引（取引所取引）では取引所上場銘柄が，後者での売買取引（店頭取引）では店頭有価証券（青空銘柄）が取引される．店頭有価証券はさらに，店頭取扱有価証券とそれ以外の有価証券に区分される．店頭取扱有価証券は，日証協が定める規則（一定レベル以上の情報開示）を満たしている株式等を指す．このうち，証券会社等が日証協に届け出を行い，投資勧誘を行い，気配値の提示等を行うものに，グリーンシート銘柄やフェニックス銘柄がある．

　グリーンシート銘柄制度は，1997年7月に開設された非上場株式を売買するための市場で，日証協が運営する制度である．非上場の中小企業に資金調達の場を提供する目的で開設された．証券取引所上場銘柄は証券会社と証券取引所が審査するのに対し，グリーンシート銘柄は証券会社のみが審査し，日証協は形式的な確認をするだけである．

　グリーンシート銘柄の条件としては，株式事務を株主名簿管理人に委託していること，券面が一定の様式に適合していること，譲渡制限が付されていないこと，となっている．グリーンシート銘柄は，その発行会社の特徴により，エ

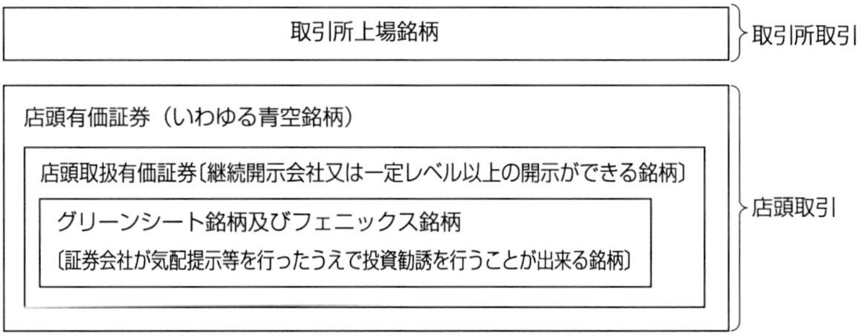

```
┌─────────────────────────────────────────────┐
│            取引所上場銘柄                      │ ⎫ 取引所取引
└─────────────────────────────────────────────┘ ⎭
 ┌────────────────────────────────────────────┐
 │ 店頭有価証券(いわゆる青空銘柄)                   │
 │ ┌────────────────────────────────────────┐ │
 │ │ 店頭取扱有価証券〔継続開示会社又は一定レベル以上の開示ができる銘柄〕│ │ ⎫
 │ │ ┌──────────────────────────────────┐ │ │  店頭取引
 │ │ │ グリーンシート銘柄及びフェニックス銘柄    │ │ │ ⎬
 │ │ │ 〔証券会社が気配提示等を行ったうえで投資勧誘を行うことが出来る銘柄〕│ │ │ ⎭
 │ │ └──────────────────────────────────┘ │ │
 │ └────────────────────────────────────────┘ │
 └────────────────────────────────────────────┘
```

図 6-7　株式のイメージ図

(出所) 日本証券業協会証券教育広報センター・高橋文郎編『新証券市場2010』中央経済社, 2010年, p.111.

マージング(成長性があり,証券会社が適当であると判断した株券等),オーディナリー(証券会社が適当であると判断した株券等),投信・SPC(証券会社が適当であると判断した優先出資証券及び投資証券)の3つに区分されている.

　グリーンシート銘柄数は,2005年にグリーンシート銘柄に上場企業並みの適時開示を求めたことで,登録維持コストがかさみ,登録を廃止する企業が増加したこともあり,近年減少傾向にある.また,グリーンシート銘柄の主幹事には「大手証券会社は採算割れを理由に参加せず」[15],取扱証券会社は十数社にすぎないのも低迷する要因の1つである.「もっとも09年の登録銘柄の資金調達合計は10億円に上り,小規模ながらピークの2005年(12億円)以来の高水準」[16]になっている.

　フェニックス銘柄制度は,2008年3月に開設された上場廃止となった銘柄を売買するための市場で,日証協が運営する制度である.売買対象となるのは,経営破綻や上場企業同士の合併といった理由以外で上場廃止となった企業で,日証協に届ければ利用可能となっている.企業にとっては同制度を通じて増資や安定株主づくりができるメリットがある[17].フェニックス銘柄は制度開始2年経過時点で,1社(2008年11月に指定)のみと低迷している.同制度の利用には企業情報の適時開示や監査意見付き財務諸表の提出など,上場企業に近い水準

で情報開示が求められる[18]．この点が低迷理由の1つである．

注
1）『日本経済新聞』2008年1月16日．
2）控除の上限は，「総所得の4割」か「1千万円」のいずれか低い方である．
3）松田修一『ベンチャー企業〈第3版〉』日本経済新聞社，2005年，pp. 136-137.
4）ベンチャーエンタープライズセンター『2009年ベンチャービジネスの回顧と展望』2010年，p. 14参照．
5）尾崎弘之東京工科大学教授のコメント（『日本経済新聞』2010年2月1日）．
6）『日本経済新聞』2009年7月7日参照．
7）財経詳報社編『図説 日本の証券市場 平成9年版』財経詳報社，1997年，p. 192参照．
8）マザーズ（Mothers）は，「Market of the high-growth and emerging stocks（高成長・新興株式市場）」の略である．
9）NEOは，「New（新しい）」「Entrepreneurs'（起業家たちの）」「Opportunity（機会）」の略語である．
10）『日本経済新聞』2009年7月8日．
11）Qボードは2007年8月，アンビシャスは2008年2月，セントレックスは2008年3月以降，2010年4月時点まで新規上場企業はない．
12）ベンチャーエンタープライズセンター『我が国新興株式市場を巡る課題について』2009年，p. 8.
13）『日本経済新聞』2010年3月15日参照．
14）『日本経済新聞』2009年10月23日参照．
15）『日本経済新聞』2008年3月19日．
16）『日本経済新聞』2010年1月12日．
17）『日本経済新聞』2009年3月12日．
18）同上．

参考文献
財経詳報社編『図説 日本の証券市場 平成9年版』財経詳報社，1997年．
日本証券業協会証券教育広報センター・高橋文郎編『新証券市場2010』中央経済社，2010年．
日本証券経済研究所編『図説 日本の証券市場 2010年版』日本証券経済研究所，2010年．
野中郁次郎編『イノベーションとベンチャー企業』八千代出版，2002年．

ベンチャーエンタープライズセンター編『ベンチャーキャピタル等投資動向調査報告』ベンチャーエンタープライズセンター，各年版．

ベンチャーエンタープライズセンター編『我が国新興株式市場を巡る課題について』ベンチャーエンタープライズセンター，2009年．

ベンチャーエンタープライズセンター編『2009年ベンチャービジネスの回顧と展望』ベンチャーエンタープライズセンター，2010年．

松田修一『ベンチャー企業〈第3版〉』日本経済新聞社，2005年．

第7章 公社債発行市場

1 公社債の種類と特徴

　企業などが資金調達を行う場合，株式発行のほかに，債券を発行する方法がある．また国や地方公共団体などの非営利組織が資金を調達する場合にも，債券は利用される．債券とは，資金調達者である債券の発行者（これを発行体という）が，資金の貸出者である投資家に対して，資金を借入れた証拠として発行する証券である．債券の発行を通じた資金調達は直接金融にあてはまるが，株式とは異なり，その資金の性質は他人資本，いわゆる借入れの類に属する．また，元本が返済される満期までの期間中，発行時に定められた約束どおり利子が支払われるため，「確定利付証券」とも呼ばれている．

　債券は，資金の貸借期間や利率などの条件が発行時点から定められており，満期には元本が償還される証券である．債券の発行にあたってはまず，発行額，利率，発行価格，償還期限，担保の有無などの発行条件が定められる．債券の表面に定められる金額を額面と呼び，発行時には額面と同じ価格で発行するパー発行，額面より高い価格で発行するオーバー・パー発行，額面より低い価格で発行するアンダー・パー発行がある．

　債券は，国や地方自治体などの非営利組織が資金調達を行う際に発行する発行する公共債と，営利企業などが発行する民間債があり，これらを総称して公社債と呼ぶ（図7-1）．また，公社債にはその利払いの方法により，利付債と割引債がある．利付債は，当初に定められた発行条件どおり，満期まで継続して

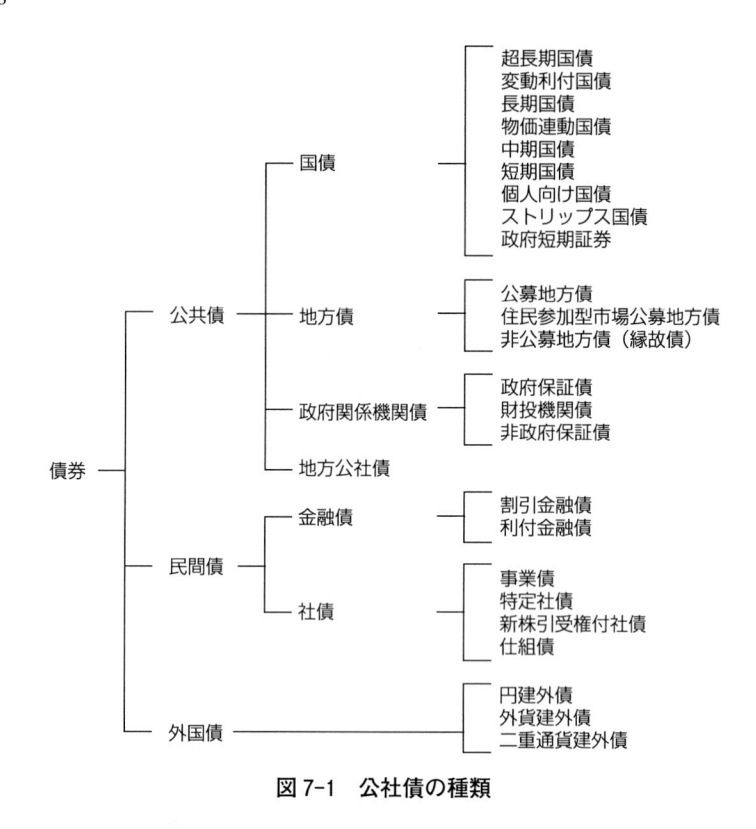

```
                                      ┌ 超長期国債
                                      │ 変動利付国債
                                      │ 長期国債
                                      │ 物価連動国債
                              ┌ 国債 ─┤ 中期国債
                              │       │ 短期国債
                              │       │ 個人向け国債
                              │       │ ストリップス国債
                              │       └ 政府短期証券
                              │
                              │              ┌ 公募地方債
                   ┌ 公共債 ──┤ 地方債 ──────┤ 住民参加型市場公募地方債
                   │          │              └ 非公募地方債（縁故債）
                   │          │
                   │          │                     ┌ 政府保証債
                   │          ├ 政府関係機関債 ─────┤ 財投機関債
                   │          │                     └ 非政府保証債
                   │          └ 地方公社債
        債券 ──────┤
                   │          ┌ 金融債 ──────┬ 割引金融債
                   │          │              └ 利付金融債
                   ├ 民間債 ──┤
                   │          │              ┌ 事業債
                   │          └ 社債 ────────┤ 特定社債
                   │                         │ 新株引受権付社債
                   │                         └ 仕組債
                   │
                   │                         ┌ 円建外債
                   └ 外国債 ─────────────────┤ 外貨建外債
                                             └ 二重通貨建外債
```

図7-1　公社債の種類

利子が支払われる方法である．一方，割引債とは，利付債のように満期までの一定の利払いはないものの，発行価格が額面より低く設定されており，満期の償還時に額面と払い込み金額の間に生じる差益を，期間中に支払われるはずの利子とみなす方式である．

　公社債の種類としては，以下のものが挙げられる．

（1）国　債

　国債とは国が発行する債券である．国債は（Ⅰ）発行目的，（Ⅱ）発行根拠法，（Ⅲ）償還までの期間，に応じて，以下のように分類される．

（Ⅰ）発行目的
  (a) 普通国債
    国の歳出をまかなうための資金調達手段であり，新規財源債と借換債からなる．歳入債とも呼ばれる．
  (b) 繰延債
    国債の償還日まで支出を繰延べる目的で発行される国債である．
  (c) 融通債
    国庫の日々の資金繰りをまかなうための資金調達手段であり，一時的に発行される．政府短期証券とも呼ばれる．
（Ⅱ）発行根拠法
  また国債はその発行の根拠となる法律により，以下の3つにも分類される．
  (a) 建設国債
    公共事業費や出資金，貸付金の財源にあてるため，財政法4条に基づき発行する．
  (b) 特例国債
    国の一般会計予算のうち経常経費の赤字を補填するため，特例公債法に基づき発行する．
  (c) 借換国債
    国債の償還財源を確保するため，国債整理基金特別会計法に基づき発行する．
（Ⅲ）償還までの期間
  満期までの期間が20，30，40年とも っとも長い利付債である「超長期国債」，10年の利付債である「長期国債」，2年と5年の利付債である「中期国債」，6カ月と1年であり割引債として発行される「短期国債」がある．また，個人を対象に発行される「個人向け国債」には，満期までの期間が10年で，途中金利が変動する変動金利型と，期間5年の固定金利型がある．
  その他の種類としては，元本と利子を分離して流通させることのできるスト

リップス国債や，全国消費者物価指数に合わせて元本が変動する物価連動国債などがある．

（2）　地方債

地方債とは，都道府県や市町村などの地方公共団体が発行する債券である．発行方法として，広く市場を通じて不特定多数の投資家に募集する「公募地方債」と，特定の金融機関などが引受ける「非公募地方債（縁故債）」，学校や病院建設など特定事業の財源確保を目的として，地域住民などに発行される「住民参加型市場公募地方債」がある．

（3）　政府関係機関債

政府関係機関債は，政府関係の特殊法人が資金調達を行う際に発行する債券である．政府が元利払いの保証を行う「政府保証債」，政府保証はなく公募発行される「財投機関債」，金融機関などが引受ける私募・縁故型の「非政府保証債」がある．

（4）　地方公社債

地方公社債は地方公共団体が設立した公社が資金調達を行う際に発行する債券である．特定の投資家に対してのみ発行される私募債に加え，市場による公募発行も行われる．

（5）　金融債

金融債は特別法に基づき特定の金融機関が発行する債券である．銀行は従来，普通社債の発行が認められておらず，金融債は銀行が発行できる唯一の資金調達手段であった．しかし1999年以降，銀行に普通社債が解禁された．社債は金融債に比べ自由な条件での発行が可能なため，金融債の発行量は減少している．例えば，2002年3月に三菱東京UFJ銀行（旧東京三菱銀行）は金融債の発行

を停止し，2007年3月にはみずほ銀行およびみずほコーポレート銀行が一部をのぞいて停止，新生銀行（旧日本長期信用銀行）が2004年10月に一部を除いて金融債の発行を停止するなど，多くの金融機関は，金融債の発行から普通社債の発行による資金調達へと移行している．

(6) 社　債

社債は企業が資金調達のために発行する債券であり，事業債，普通社債などとも呼ばれる．担保の有無により，担保付社債，無担保社債に分類される．また，発行体により以下の3つに分類される．

(a) 事業債

　株式会社など，民間の事業会社が発行する債券を指す．

(b) 特定社債

　特別目的会社（SPC：Special Purpose Company）が発行する，資産担保証券などの債券を指す．「資産の流動化に関する法律」に規定される社債．

(c) 新株予約権付社債

　新株予約権付社債とは，発行時に定めた条件により，当該債券を新規に発行される株式に転換することができる，もしくは新株を引受ける権利が付随した債券である．従来は社債を新株に転換する転換社債と，新株引受権が付与されているワラント債に分離して発行されていたが，2002年の商法改正により一本化された．新株予約権付社債のうち，社債金額を新株に転換する権利を行使する場合の払込金とみなし，権利行使と同時に社債が償還されるものが「転換社債型新株予約権付社債」であり，一方，単に新株を引受ける権利が与えられている社債が「新株引受権付社債」である．いずれにしても，株式による資金調達に直接的に関係する社債であり，株主資本の増加につながることから，「エクイティ債」とも呼ばれている．

(d) 仕組債

　仕組債とは，デリバティブを組み込んだ債券のことである．デリバディ

ブとは，金融派生商品を指し，主には，あらかじめ決められた将来の一定期日において一定のレートもしくは価格で売買する権利（オプション）をつけるオプション取引や，あらかじめ決められた条件に基づき，一定期間，金利等を交換するスワップ取引などがある．

　デリバティブには様々な種類があるため，それを組み込む商品である仕組債にも多数の種類が存在する．例えば，債券のキャッシュインフローである利子が段階的に増加する債券（ステップ・アップ債）や，反対に段階的に減少する債券（ステップ・ダウン債），金利スワップを用いて，金利が上昇すれば利子が減少し，反対に金利が下落すれば利子が増加する債券（リバース・フローター債）などである．また，エクイティに関するオプションと組み合わせた商品としては，償還を現金で行うのではなく，あらかじめ定められた株数の他社の株式によって支払う，他社株転換債（EB債：Exchangeable Bond）などが挙げられる．

（7）　外国債

外国債とは外国の政府や企業が発行する債券と，日本企業が外国で発行する債券の総称であり，以下のように分類される．

(a) 円建外債

　円建外債とは，発行から償還まで使用する通貨がすべて円で行われる債券である．特に，外国の発行体が日本国内で発行する円建外債を「サムライ・ボンド」と呼ぶ．また，海外市場で発行される円建外債は「ユーロ円債」と呼ばれる[1]．

(b) 外貨建外債

　外貨建外債とは，発行から償還まで使用する通貨がすべて外貨で行われる債券である．特に，外国の発行体が日本国内で発行する外貨建外債を「ショーグン・ボンド」と呼ぶ．

(c) 二重通貨建外債

二重通貨建外債とは，利払いや償還に使用する通貨が異なる債券である．発行時資金の払込みと利払いの通貨が同じで，償還の通貨が異なるものを「デュアル・カレンシー債」，払い込みと償還の通貨が同じで，利払いの通貨が異なるものを「リバース・デュアルカレンシー債」と呼ぶ．

2 公社債発行市場

近年の公社債発行市場は，2004 年度をピークに年々減少している．2008 年度には総額で約 156 兆 8666 億円と，前年度に比べて約 10.3% 減少している．そのうち主な債券の内訳は，**表 7-1** のとおりである．公社債発行市場においては，その多くを国債が占めている．バブル崩壊後の不況により，政府財政の国債依存度が高まり，現在若干の減少傾向にあるものの 2008 年度末には 123 兆円以上の国債が新たに発行されている．近年の経済不況の影響からくる巨額の財政支出の影響で，国債の発行は増加している．しかし日本の国債のほとんどは，国内の銀行など機関投資家が引受けており，国債消化の国内依存が限界にきていると警鐘を鳴らす声もある．[2]

表 7-1　債券発行市場　　　(単位：千円)

年	国債	地方債	普通社債	金融債	円建非居住者債
1998	95,842,901,000	1,754,000,000	10,453,400,000	24,474,109,410	392,900,000
1999	99,806,502,050	2,061,000,000	7,787,500,000	23,304,495,060	1,036,500,000
2000	105,391,662,500	2,269,000,000	7,637,060,000	21,042,706,500	2,618,306,000
2001	144,493,318,000	2,225,000,000	8,172,390,000	16,867,030,540	1,308,000,000
2002	147,298,371,760	2,836,550,000	7,318,205,000	12,023,170,500	670,600,000
2003	157,797,465,100	4,621,198,900	6,992,760,000	9,270,733,390	942,900,000
2004	185,100,548,020	5,659,628,000	5,895,000,000	7,959,521,630	1,676,800,000
2005	180,691,908,920	6,189,422,710	6,904,000,000	8,755,514,320	1,592,000,000
2006	170,432,156,700	5,860,408,570	6,829,500,000	6,729,558,450	797,500,000
2007	136,504,443,510	5,721,281,000	9,401,400,000	6,505,101,550	2,647,000,000
2008	123,866,770,310	6,345,960,000	9,604,900,000	5,517,425,670	2,082,100,000

(出所)　証券業協会「公社債発行額・償還額」より作成．

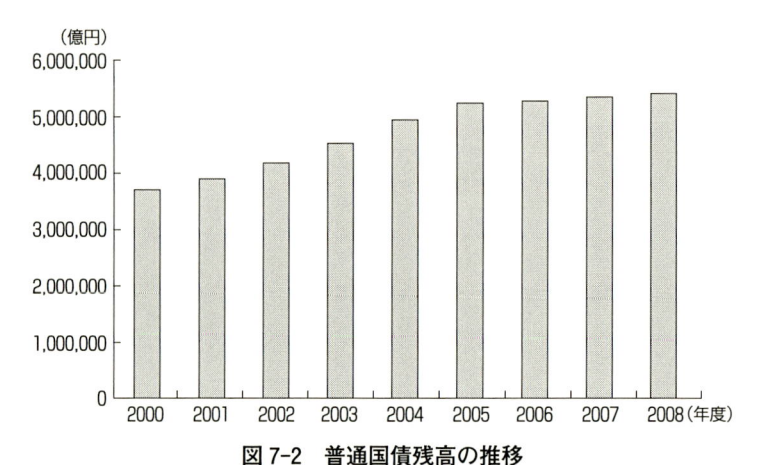

図7-2 普通国債残高の推移
（出所）財務省「最近20年間の各年度末の国債残高の推移」より作成.

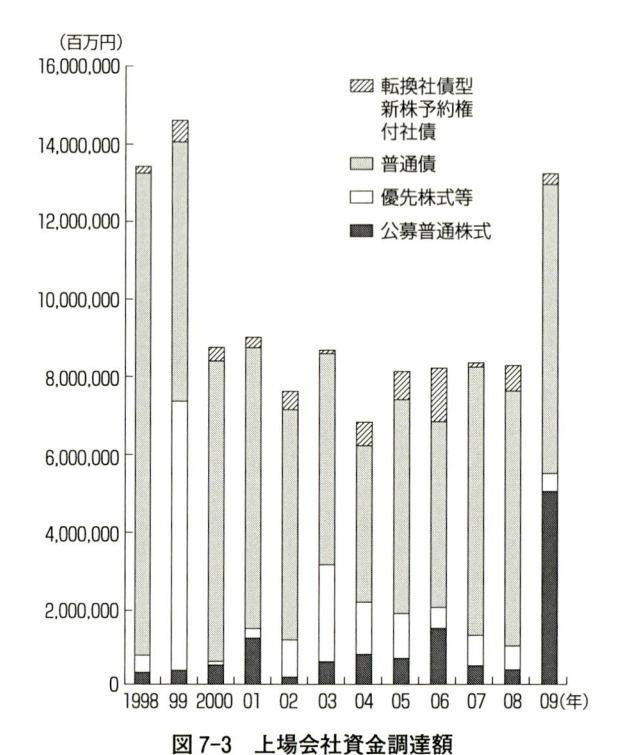

図7-3 上場会社資金調達額
（出所）東京証券取引所「上場会社資金調達額」より作成.

また国債が大量に発行されれば，当然のことながら国債残高も確実に増加する．2008年度末の普通国債残高は，長期国債が約354兆円，中期国債が約161兆円，短期国債が約31兆円と，総額約546兆円にも上った[3]．

また**図7-3**は，上場民間企業の日本国内における直接金融による資金調達額の内訳である．上場企業においては，景気変動や金利の動向によるばらつきもあるが，資金調達額のほぼ過半数が社債発行によるものである．

3 債券発行の方法

（1） 国債の発行

国債の発行は従来，シンジケート団（シ団）による引受けが主であった．シ団とは，特定の金融機関等で構成される国債引受集団である．シ団引受方式は，集団で募集の引受けを行うことによって，大量に発行される国債の安定的な消化を計る目的があった．シ団メンバーはそれぞれ一定の割当てを引受ける仕組みとなっていた．しかし，シ団メンバー金融機関の負担増大に加え，発行条件や引受額の自由化に対するニーズの高まり，および国債発行市場の国際化を進める観点からの外国人投資家による引受けを考慮し，2006年3月末にシ団引受方式は廃止された．

現在，国債の発行は，公募入札方式により行われている．公募入札方式とは，市場を介して不特定多数の投資家に発行する方法である．この方式により，金融機関をはじめとする主な国債引受けの機関投資家は，自己の資金都合にあわせて自由に入札することが可能となった．しかし一方で，自由な公募入札方式では，入札が発行予定額に満たないという事態が生じる可能性があり，国債の安定的な消化の面からはマイナスの面もある．これを克服するため，国債の自由化と安定消化の両立を図る目的で，2004年10月よりプライマリーディーラー制度が導入された．この制度は，一定の基準を満たした銀行や証券会社をプライマリーディーラーとして指定し，国債の一定量の引受けを義務づける制度

である．プライマリーディーラーは一定量の引受けを義務づけられる見返りとして，他の応募者よりも良い発行条件での引受けなどの便宜が与えられる．

（2） 社債の発行

　これまで，日本における社債の発行は，「起債会」によって管理され規制されていた．発行に際しては資本金などをベースとした適債基準が設けられ，基準に満たない企業は社債発行が制限もしくは禁止された．しかしこれらは市場の自由化にあわせて順次撤廃されていった．まず1988年，社債発行にプロポーザル方式が導入され，社債発行を管理制限する起債会が消滅した．1990年には適債基準を数値基準から格付け基準へ一本化，1993年には商法が改正され，社債発行限度規制が撤廃された．社債管理会社制度が導入され，社債発行市場の自由化が大きく進展した．また1996年には適債基準自身が撤廃され，社債発行が完全に自由化された．

　社債の発行は現在，社債の発行を引受ける引受シンジケート団（引受シ団），なかでも中心的な役割を担う引受幹事証券会社が発行を取り仕切っている．また，社債に特有の「社債管理会社」または「財務代理人（FA：Fiscal Agent）」が設置される．

　社債発行には原則として，社債管理会社を設置する必要がある．社債管理会社とは，債権者保護とその他の社債管理業務を担うための会社であり，多くの場合銀行がこれを担う．ただし，社債の発行金額が1億円以上，または社債数が50以下の場合，すなわち大口または少数の機関投資家に対して発行すると当初から想定される場合には，社債管理会社ではなく財務代理人を設定することができる．財務代理人は社債管理業務のみを行うため，社債管理会社を設置するよりもコストを削減することができる．

　社債の発行に際してはまず，引受幹事証券会社や引受シ団，社債管理会社などの機関を設定し，同時に多くの発行体が格付けを取得する．格付けの高低が発行条件に影響を与えるからである．その後，引受幹事証券会社などが市場の

需要予測を行い，発行条件を決定し，発行となる．

4　公社債と格付け

債券にはデフォルトの可能性がある．デフォルトとは債券の元本および利子の支払いが不能になることを指す．このデフォルトの可能性，すなわち債券の信用度合いを評価したものが格付けである．格付けとは，格付会社が，債券および発行体の信用力を客観的に評価し，アルファベット記号で表したものである．格付けは1909年にアメリカで誕生し発達した．日本では1999年に適債基準に導入され，その後普及した．格付けは個別債券の信用力，すなわち発行体の債務履行能力を評価したものであり，格付けの高低によって，利率等の発行

表7-2　長期債格付けの記号と意味

意　味	R&I	JCR	S&P	Fitch	Moody's
債務履行の可能性は最も高い．多くの優れた要素がある．	AAA	AAA	AAA	AAA	Aaa
債務履行の確実性は極めて高い．優れた要素がある．	AA	AA	AA	AA	Aa
債務履行の確実性は高い．部分的に優れた要素がある．	A	A	A	A	A
債務履行の確実性は十分あるが，将来環境が大きく変化した場合に注意すべき要素がある．	BBB	BBB	BBB	BBB	Baa
債務履行の確実性に当面問題は無いが，将来環境が大きく変化した場合に十分注意すべき要素がある．	BB	BB	BB	BB	Ba
債務履行の確実性に問題があり，絶えず注意が必要．	B	B	B	B	B
債務不履行に陥っているか，またはその懸念が強い．回収が十分見込めない可能性がある．	CCC	CCC	CCC	CCC	Caa
債務不履行に陥っているか，またはその懸念が極めて強い．ある程度しか回収が見込めない可能性がある．	CC	CC	CC	CC	Ca
債務不履行に陥っており，回収はほとんど見込めない．	C	C	C	C	C
デフォルトしている．	D	D	D	D	なし
付加記号	+，-	+，-	+，-	+，-	1, 2, 3

(出所)　各社HPより作成．

条件も変化するため，社債を発行する際にはほとんどの発行体が格付けを取得する．現在日本では，格付投資情報センター（R&I），日本格付研究所（JCR），ムーディーズ・インベスターズ・サービス（Moody's），スタンダード・アンド・プアーズ（S&P），フィッチ・レーティングス（Fitch）の5社が主に活動している．

　格付けは一般的に，AAA格からBBB格（ムーディーズではAaa格からBaa格）までを投資適格とみなしている．日本ではBB格以下の債券発行は少ない．これは適債基準に格付けが用いられていたことが背景として挙げられるが，日本においては，格付けの中でも特にBBB格が債券発行におけるゲートキーパーの役割を担っている．しかし一方で，アメリカなどではBB格以下の債券発行も活発に行われている．これら格付けの低い社債の市場は，ジャンクボンド市場とよばれている．格付けの低い債券は信用力が低い分，利率が高く設定されている場合が多く，海外の投資家の間では一定のニーズが存在する．日本では，ジャンクボンド市場は未だ発達しているとは言えず，この点は債券市場の課題であるといえよう．

注
1）ユーロ円債のユーロとは，EU地域の統一通貨「ユーロ」とは関係なく，円建外債の発行がヨーロッパ，特にロンドン証券市場において発展した経緯から名づけられた．
2）『日本経済新聞』2010年2月16日朝刊1面「国債揺れる市場（上）」，2010年2月17日朝刊1面「国債揺れる市場（下）」を参考にした．
3）財務省「最近20年間の各年度末の国債残高の推移」より，長期国債には40年債・30年債・20年債および15年債を含む．

参考文献
黒沢義孝『格付会社の研究』東洋経済新報社，2007年．
資本市場研究会編『現代社債市場』財形詳報社，2003年．
杉江雅彦監修，坂下晃編著『証券論15講』晃洋書房，2003年．
住友信託銀行著，住信ビジネスパートナーズ編『証券業務の基礎』経済法令研究会，2009年．

徳島勝幸『現代社債投資の実務』財形詳報社，2004年.
富田俊基『国債の歴史――金利に凝縮された過去と未来』東洋経済新報社，2006年.
日本証券業協会・証券教育広報センター・高橋文郎編『新・証券市場』中央経済社，2009年.
日本証券経済研究所編『図説 日本の証券市場 2008年版』日本証券経済研究所，2008年.
マネタリーアフェアーズ現代社債投資研究会編著，徳島勝幸監修『現代社債投資の実務』
　　財形詳報社，2008年.
格付投資情報センター「格付け符号と定義」（http://www.r-i.co.jp）．
財務省「国債に関する情報」（http://www.mof.go.jp/jgb.htm）．
スタンダード・アンド・プアーズ「格付け定義・基準」http://（www2.standardandpoors.
　　com/portal/site/sp/jp/jp/page.home/home/0,0,0,0,0,0,0,0,0,0,0,0,0,0,0.html）．
日本格付研究所「格付けの定義」http://www.jcr.co.jp
フィッチ・レーティングス「格付けの定義」（http://www.fitchratings.co.jp/index.ctl.php）．
ムーディーズ・ジャパン「格付けの定義」（http://www.moodys.co.jp）．

第8章 公社債流通市場

1 公社債流通市場

　第7章で説明したとおり，債券発行を通じて調達された資金は他人資本であり，借入れと同様，約束した期日が到来すれば返済される．しかし借入れと異なり，債券には「流動性」がある．すなわち債券そのものを，満期までの期間中に，第三者へ自由に売買することが可能なのである．したがって投資家にとって債券は，発行時に引受けてから償還されるまで一貫して保有する場合と，満期日までの期間途中で他の投資家に売却，もしくは他の投資家から購入する場合がある．発行から償還されるまでの間に，公社債が売買される場を，公社債流通市場と呼ぶ．

　公社債の売買方法は，証券取引所における取引と，証券会社の店頭における取引の2つに分けられる．**表8-1**は取引所取引と店頭取引の売買高を示している．公社債流通市場に占める取引所取引の割合は非常に小さく，1％にも満たない．債券流通の中心は店頭市場である．

　また，公社債の流通市場における主な売買対象は，国債である．**表8-2**は2008年の公社債種類別店頭売買高であるが，これが示すとおり，売買のほとんどを国債が占めている．

　国債が流通市場の中心となった背景としては，1970年代後半からの国債大量発行により国債自身の数量が急激に増加したこと，またそれにともない，金融機関の国債引受けの負担が増加し，売却が増加したこと，また売買差益を目

表 8-1 公社債流通市場 (単位:億円)

年	合計	取引所取引	構成比(%)	店頭取引	構成比(%)
2000	40,641,272	29,376	0.07	40,611,896	99.93
2001	40,602,517	21,989	0.05	40,580,528	99.95
2002	36,677,762	18,167	0.05	36,659,595	99.95
2003	51,112,995	10,215	0.02	51,102,780	99.98
2004	64,821,818	7,141	0.01	64,814,677	99.99
2005	67,588,474	6,031	0.01	67,582,443	99.99
2006	91,535,226	5,259	0.01	91,529,967	99.99
2007	120,969,911	3,067	0.00	120,966,844	100.00
2008	112,884,238	2,976	0.00	112,881,262	100.00
2009	85,638,169	4,964	0.01	85,633,205	99.99

(出所) 東京証券取引所「売買高・売買代金」および証券業協会「公社債種類別店頭売買高」より作成.

表 8-2 公社債種類別店頭売買高 (単位:億円)

年,月	国債	構成比(%)	公募地方債	構成比(%)	社債	構成比(%)
2008.01	10,251,645	99.2	48,306	0.5	33,942	0.3
2008.02	10,126,932	99.2	40,583	0.4	44,211	0.4
2008.03	10,358,125	99.2	33,345	0.3	50,303	0.5
2008.04	11,515,936	99.2	31,635	0.3	55,732	0.5
2008.05	9,474,361	99.3	22,960	0.2	45,929	0.5
2008.06	8,755,695	99.3	22,411	0.3	41,199	0.5
2008.07	9,346,911	99.3	23,736	0.3	39,450	0.4
2008.08	8,420,271	99.2	26,128	0.3	38,011	0.4
2008.09	8,698,195	99.2	25,732	0.3	42,263	0.5
2008.10	8,594,962	99.1	20,402	0.2	58,943	0.7
2008.11	7,032,351	99.3	11,778	0.2	40,842	0.6
2008.12	8,608,590	99.3	13,029	0.2	47,050	0.5

(注) 構成比は国債,公募地方債,社債合計を100%として計算.
(出所) 日本証券業協会「公社債種類別店頭売買高」より作成.

的とした取引が増加したことなどが挙げられる.また1983年から84年にかけて,金融機関における新発公共債の窓販とディーリングが認められた事も,国債の売買高が増加した要因であった.

公社債流通市場において中心となる投資家は機関投資家である.多くは債券

第 8 章　公社債流通市場　　93

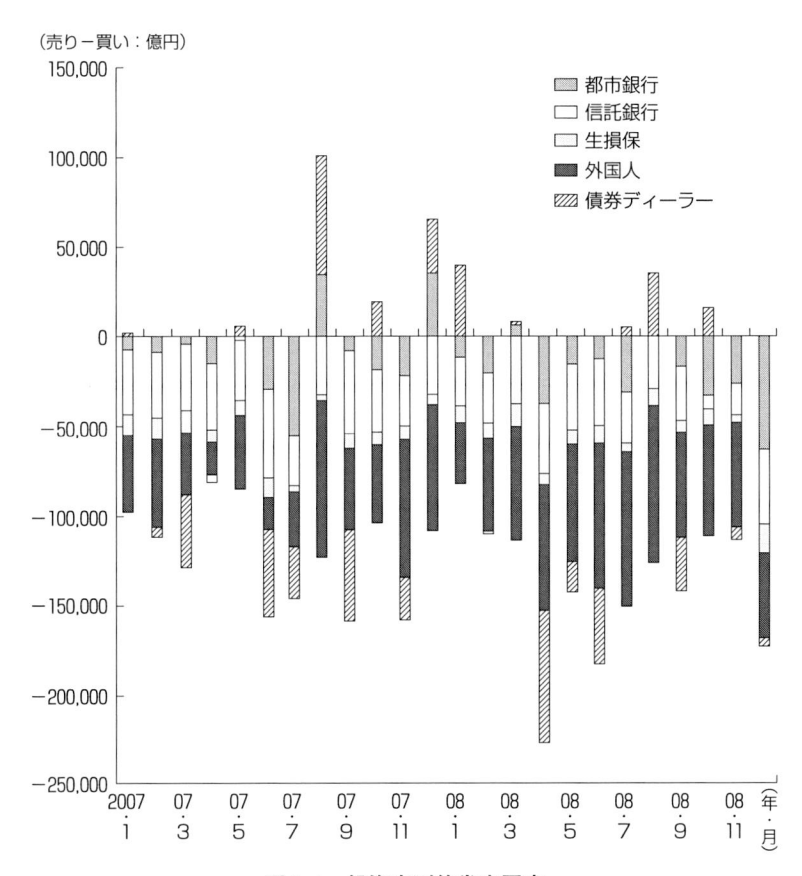

図 8-1　投資家別債券売買高

（出所）日本証券業協会「公社債投資家別売買高」より作成．

ディーラー，外国人，そして都市銀行と信託銀行が占めている．個人向け国債や個人向け社債など，個人の公社債購入も増加しているが，個人の場合は，発行から満期まで保有する投資スタイルが多いだろう．

　また，**図 8-1** は投資家別売買高の推移である．グラフは売り越し額から買い越し額を除したものであり，都市銀行と債券ディーラーが売り越しとなる月が多少あるが，多くの場合は買い越しとなっている．債券ディーラーとは証券会

社やディーリング業務を行っている金融機関のことを指す．後述するが，公社債の売買は複雑であり，売りと買いが瞬時にマッチングすることは少ない．したがって債券ディーラーが一旦買い向かい，もしくは売り向かい，売り方と買い方のニーズのマッチングをスムーズにする役割を果たしている．

売買動向を見てみると，近年は多くの投資家において主に買い越しである．これは昨今の株式市場の不況により，運用目的による公社債保有が増加したことが考えられる．

2　取引所取引

取引所取引とは，証券取引所に上場されている公社債銘柄を売買する取引であり，投資家が証券会社に売買注文を出し，証券取引所を経由して売買する方法である．前述の通り，公社債の取引所取引は非常に少ない．これは端的に言えば，上場している銘柄自体が非常に少ないからである．債券の多くが上場されないのは，債券が持つ異質性による．株式は普通株や優先株等の違いはあるにしても，基本的には発行体1社につき1銘柄と考えることができる．しかし債券は，利率や満期までの年限等の条件がすべて均一ではなく，銘柄ごとにそれぞれ条件が異なる．したがって同じ発行体が発行した債券であっても，銘柄数が非常に多くなるため，これらすべての債券を上場することは事実上不可能である．

現在，全銘柄を上場している債券は一部の国債のみである．国債を上場する理由は，取引所での活発な取引を目的とするよりもむしろ，公正な市場価格の形成とその公表にある．すなわち，代表的な銘柄が上場され，取引所において売買されることによって，市場における公正な取引価格形成を促し，かつそれを証券取引所が公示することによって，投資家に周知させることができる．一方前述のように，銘柄の多さという理由から，地方債や社債などはほとんどが上場されておらず，店頭にて相対売買されている．

また，公社債売買に店頭取引が多いもう1つの理由としては，公社債売買の複雑性が挙げられる．公社債は銘柄が非常に多いため，その売買の内容も多岐にわたる場合が多い．例えば機関投資家においては，複数かつ大量の銘柄を組み合わせて売買するバスケット取引なども行われる．したがって，証券取引所において自己の要求をすべて満たす相手を適時に見つけ出すのは困難であるため，売買の多くは店頭取引にならざるを得ない．

3　店頭取引

　店頭取引は，証券取引所外の証券会社店頭などにおいて，証券会社や投資家同士が相対で行う取引である．公社債は上場銘柄が少ないため，様々な銘柄を売買できる店頭取引は投資家にとって利便性が高い．相対売買であるため，売買価格や受渡期日，売買銘柄の組み合わせなど，売買条件は投資家同士，当事者間の合意に基づき自由に設定され，売買が行われる．

　しかし店頭市場においては，売買は当事者間の取り決めであるため，その条件は基本的に公開されない．ゆえに市場全体からみれば個別の売買価格は不透明であり，かつ統一性に欠ける．これは公正な価格形成や最良価格での売買執行の面からみて，不都合であることも否めない．そのため，店頭取引市場においては，日本証券業協会が「公社債店頭売買参考統計値制度」を設立し，売買の気配値を公表している．

　公社債店頭売買参考統計値制度は，公募公社債の特定の銘柄について，当日の午後3時における額面5億円程度の売買の気配（売りたい値段と買いたい値段の仲値）[1]について，指定報告協会員として指定している証券会社から報告を受け，日本証券業協会が発表する制度である．また，売買参考統計値では，指定報告協会員から報告を受けた気配の「平均値」，「中央値」，「最高値」，「最低値」の4つの値が公表されている．

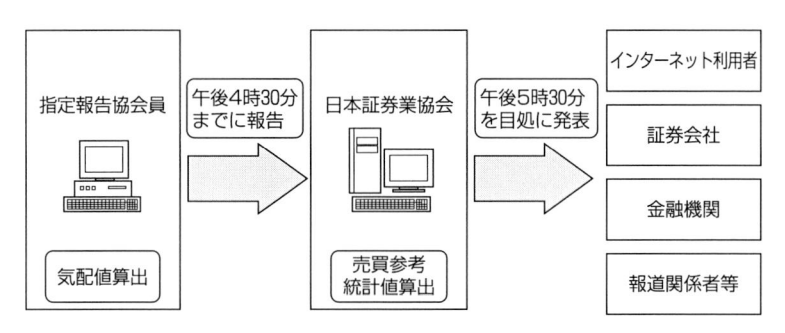

図 8-2　公社債店頭売買参考統計値算出の概念図
（出所）　日本証券業協会 HP「公社債店頭売買参考統計値発表制度について」より抜粋．

4　公社債の利率と利回り

　債券の利率とは当初の発行条件において定められる金利であり，利回りとは購入してから償還もしくは売却までのキャッシュインフローを購入価格で割った収益率である．

　債券の利率の多くは，発行時点の市中金利をベースとして，個別債券や発行体の信用度を反映し，決定される．社債においてはほとんどの発行体が信用格付けを取得しており，これが利率に反映される場合が多い．格付けが高ければ信用力が高いと評価されるため利率は低く，反対に格付けが低ければ，信用力の低さを反映して高い利率の設定が要求される．したがって発行体にとっては，信用度をあげることが資金調達コストの削減につながる．これはまた流通市場においても同様であり，信用格付けが利回りに反映されると考えられている．

　公共債，特に国債に関しては，徐々に流通実勢の反映を進展させてきた．国債はシ団引受方式から公募入札方式に変更されたことにより，利率等の発行条件に変化が見られる．

　また地方債においては，基本的には 10 年長期国債の発行条件を参考に，流通実勢における利回り格差を反映して決定される．一方で近年，地方自治体の

表 8-3 地方債の対国債スプレッドと格付け

(bp)		R & I	JCR	S & P	Moody's
2	福岡市				Aa1
5	千葉市			A＋	
6	横浜市			AA－	
9	福岡県				Aa1
10	愛知県	AA＋	AAA	AA	
10	埼玉県	AA＋			
10	東京都			AA	Aa1
10	広島県				Aa1
11	名古屋市				Aa1
12	京都市			A＋	Aa1
15	静岡県	AA＋			Aa1
22	岡山県	AA			
22	新潟県				Aa1
22	新潟市			AA－	
23	堺 市				Aa1
24	大阪市		AA＋	AA－	Aa1
26	神戸市	AA			
31	浜松市				
41	静岡市				Aa1
43	札幌市				Aa1

(出所) JS Price 2008 年 9 月末時価情報より残存 10 年程度のもの,および各格付会社より作成.

格付取得が増加している.しかし自治体の信用力格差が,地方債の利回り格差として反映されているとは,現時点では言えない.今後の動向を見続ける必要があるだろう.

5 現先取引

公社債の取引においては,現物取引の他に,公社債を将来の一定の期日に,あらかじめ決められた価格で買戻す,または売り戻すことを条件として売買を行う現物先物取引(現先取引)がある.条件が付いた取引であるため,条件付売買とも呼ばれている.

表 8-4　公社債投資家別現先取引残高

年	都市銀行(長信銀等を含む) 売残	都市銀行(長信銀等を含む) 買残	信託銀行 売残	信託銀行 買残	その他金融機関 売残	その他金融機関 買残
2001	6,303	1,275	0	20,607	28,314	146,784
2002	2,439	1,151	200	20,658	1,916	67,839
2003	1,200	14,087	500	32,638	37,664	105,383
2004	3,495	12,883	700	31,898	40,320	91,048
2005	2,000	8,289	1,500	41,123	60,956	127,156
2006	0	878	247	26,124	52,826	75,054
2007	0	0	0	19,909	12,340	48,188
2008	0	0	0	17,663	7,034	22,352
2009	0	0	0	10,804	2,557	51,862

年	生命・損害保険 売残	生命・損害保険 買残	投資信託 売残	投資信託 買残	外国人 売残	外国人 買残
2001	2,217	436	0	148,717	117,010	117,707
2002	2,586	0	0	114,754	162,271	269,044
2003	1,104	0	0	113,086	266,329	681,500
2004	0	0	0	111,480	536,852	1,102,412
2005	0	0	0	109,965	1,075,456	1,249,447
2006	0	0	0	121,896	1,322,316	1,278,065
2007	0	0	0	141,786	1,810,073	1,357,774
2008	0	0	0	119,993	1,624,515	1,414,895
2009	0	0	0	105,057	764,833	632,141

(出所)　日本証券業協会「公社債投資家別条件付売買(現先)取引月末残高」より作成.

　現先取引には,証券会社が売り方と買い方の間に立って仲介の役割を担う「委託現先」と,証券業者自身が資金繰りのために買戻し条件付き売買を行う「自己現先」がある.

　現在の現先取引の方法は,2001年4月に導入された.この取引では,取引期間中のリスクをコントロールする手法などが採用されている.

　① ヘアカット条項

　　約定時の債券価格よりも買入れの価格を一定の割合で低く設定する事によ

表8-5 債券レポ取引担保別残高推移 (単位：億円)

年, 月	債券貸付 有担保取引	現金担保のみ	無担保取引	合計
2001. 01	579,512	570,074	26,395	605,907
2002. 01	424,642	416,719	19,117	443,759
2003. 01	346,708	335,626	22,102	368,810
2004. 01	472,811	456,529	24,725	497,536
2005. 01	567,898	559,084	24,673	592,571
2006. 01	632,930	623,764	39,938	672,869
2007. 01	671,908	635,888	34,095	706,003
2008. 01	801,382	715,188	41,336	842,716

年, 月	債券借入 有担保取引	現金担保のみ	無担保取引	合計
2001. 01	453,942	441,541	80,006	533,948
2002. 01	380,734	367,960	59,574	440,308
2003. 01	374,297	366,186	45,299	419,596
2004. 01	543,585	526,335	66,133	609,718
2005. 01	638,811	625,608	63,673	702,484
2006. 01	717,722	708,307	85,422	803,144
2007. 01	730,155	707,710	91,541	821,696
2008. 01	843,272	818,747	70,783	914,055

（出所）　日本証券業協会「債券貸借取引状況」より作成．

り，期中に債券価格が下落した場合にも，担保価値がそれを下回り，担保が不足する事態を防ぐ方法．

② マージンコール条項

　取引期間中の債券価格の変動にあわせて，担保の受け渡しの管理を行う方法．債券の時価と資金額が等しくなるように調整する．

③ リプライシング

　債券価格が取引開始時より大きく変動した場合に一旦取引を解消し，改めてその時点の価格をもとに条件等を再評価する方法.

　現先取引は単なる債券売買の意味合いの他に，資金調達と資金運用の目的が含まれる．例えば，仮に投資家が買戻し条件付きで債券を売却した場合，それは一時的な資金調達の意味合いを持つ．反対に，売戻し条件付きで債券を購入した場合には，売戻すまでの期間，その資金を運用したという意味合いを持つことになる．

　また，同様の意味合いをもつ取引としては，債券の貸借を行う「債券レポ取引」がある．これは本来，債券の空売りにおいて，受け渡す債券を借入れる取引であるが，債券貸借の担保に現金を用いる場合には，貸し手にとっては一時的な資金調達の意味合いを，また借り手にとっては一時的な資金運用の意味合いを持つことになる．債券レポ取引の多くは国債であり，近年，現金を担保としたレポ取引が増加している．

注

1) 日本証券業協会「公社債店頭売買参考統計値発表制度について」2010年1月1日
   (http://market.jsda.or.jp/html/saiken/kehai2/seido.html).

参考文献

黒沢義孝『格付会社の研究』東洋経済新報社，2007年.
資本市場研究会編『現代社債市場』財形詳報社，2003年.
杉江雅彦監修，坂下晃編著『証券論15講』晃洋書房，2003年.
住友信託銀行著，住信ビジネスパートナーズ編『証券業務の基礎』経済法令研究会，2009年.
徳島勝幸『現代社債投資の実務』財形詳報社，2004年.
日本証券業協会・証券教育広報センター・高橋文郎編『新・証券市場』中央経済社，2009年.
日本証券経済研究所編『図説 日本の証券市場 2008年版』日本証券経済研究所，2008年.
マネタリーアフェアーズ現代社債投資研究会編著，徳島勝幸監修『現代社債投資の実務』
　　財形詳報社，2008年.

財務省「国債に関する情報」(http://www.mof.go.jp/jgb.htm).
日本証券業協会「公社債店頭売買参考統計値発表制度について」(http://market.jsda.or.jp/html/saiken/kehai2/seido.html).

第9章 投資信託

1 仕組みと特徴

　経済社会の構造変革に伴い，資産運用ニーズの多様化・高度化が進展する中で，多くの投資家が自らの判断に基づきリスクテイクを行うことを容易にし，経済全体としてリスク配分の効率化・分散化を促進する観点から，市場型間接金融による新しい金融仲介チャネルを整備・拡充することが求められている．こうした中で，多数の投資家から資金を集めその運用等を専門家に委ね，多様なリスクとリターンを組み合わせた金融商品を組成する仕組みである「集団投資スキーム」(Collective Investment Scheme) が，その中心的な存在になることが期待されている．とりわけ投資信託は，資産運用型の集団投資スキームの中核を担い，家計の資産形成に厚みと幅を与えるという点で極めて重要な商品として位置づけられている．

　投資信託の商品特性として，一般的に次の3点があるといわれている．

① 共同投資（合同運用）
　証券投資を行うには資金量が十分でなく，また資金運用のノウハウに乏しい投資家に投資機会を与えるとともに，不特定多数の投資家から投資資金を集め，それを合同運用することにより規模の経済性による取引コストの節約を行うことができる．

② 専門家運用

証券投資にはリスクが伴うため，内外の経済・金融情勢や投資対象となる個々の企業分析等の調査研究，投資タイミングの判断等が重要であるが，そのための知識やノウハウ，テクニック等に通じた専門家が投資家に代わって証券投資を行い，その財産を運用・管理する．

③ 分散投資

個人が分散投資を行うには多数の資金が必要であるが，投資信託は資金運用にあたって，現代ポートフォリオ理論を活かして，安全性と収益性の観点から集中投資ではなく分散投資を基本理念とした商品設計を行うとともに，デリバティブ等を駆使してリスク軽減を行うことができる．

表 9-1 銀行預金と投資信託の比較

	銀行預金	投資信託
資金の流れ	相対取引の間接金融．銀行が預金証書（負債）を発行し資金を集めてプールし，プールされた資金が企業に貸付けられる（銀行は「当事者」として金融市場に参加）．	市場取引型の間接金融．投資信託委託業者が受益証券（または投資証券）を発行し集められた資金はファンドにまとめられ，証券市場における株式や債券などへの投資を通じて供給される（投資信託は投資家の「代理者」として市場に参加）．
リスクとリターンの所在	本源的証券の持つリスク・リターンは銀行が負担する．したがって，企業への貸付に伴うリスクは銀行が負担するが，貸出により得た利益は銀行の収入となり，預金者には一定の利息のみが支払われる．	本源的証券の持つリスク・リターンは投資家にパス・スルーされる．したがって，投資に伴うリスクは投資家が負担する一方，運用成果はそのまま収益分配金として投資家に支払われる．
資金運用の透明性	資金の運用先は相対取引であるため不透明である．	資金の運用状況は目論見書，運用報告書，償還報告書等により明確に開示される．市場性を持つため，運用者の行動は投資信託証券の価格形成を通じて市場評価される．

以上の3点以外に，④商品の多様性，⑤透明性を商品特性として加えることもできる．

こうした商品特性は，預金，保険といった伝統的な間接金融や信託業務などにもみられるものであるが，投資信託には，投資家がファンドへの投資を通じて間接的に市場取引に参加する「市場型商品」という特性がある．このため，**表9-1**のとおり，銀行預金等他の金融商品に比べて透明性の面で優れた金融商品であるといえ，証券市場に直接参加することが困難な投資家に対し，間接的な形で簡便かつ効率的な証券投資の途を開き，ひいては証券市場の活性化・安定化に資する役割・機能を有している．

2　分類と主要商品

(1)　投資信託の分類

日本の投資信託は，**図9-1**のとおり，大きく「公募投資信託」と「私募投資信託」[1)]に分けられ，それぞれに「契約型投資信託」と「会社型投資信託（投資法

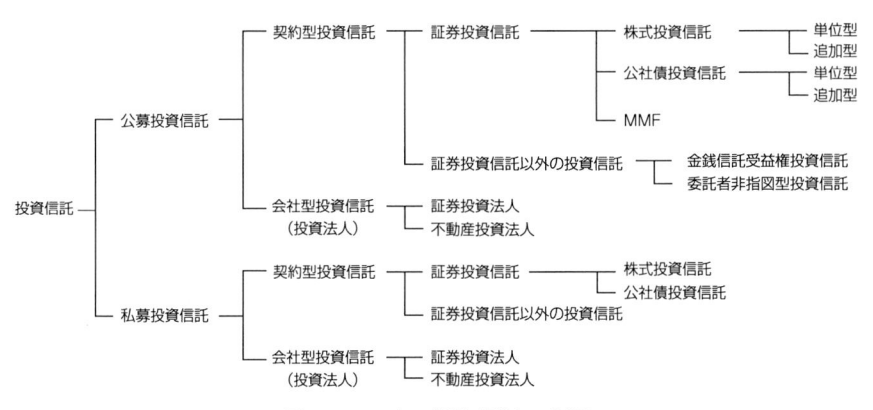

```
                      ┌─契約型投資信託─┬─証券投資信託──────┬─株式投資信託──┬─単位型
                      │                │                    │                └─追加型
                      │                │                    ├─公社債投資信託─┬─単位型
          ┌─公募投資信託─┤                │                    │                └─追加型
          │           │                │                    └─MMF
          │           │                └─証券投資信託以外の投資信託─┬─金銭信託受益権投資信託
          │           │                                              └─委託者非指図型投資信託
          │           └─会社型投資信託─┬─証券投資法人
投資信託─┤             （投資法人）    └─不動産投資法人
          │
          │           ┌─契約型投資信託─┬─証券投資信託──────┬─株式投資信託
          │           │                │                    └─公社債投資信託
          └─私募投資信託─┤                └─証券投資信託以外の投資信託
                      │
                      └─会社型投資信託─┬─証券投資法人
                        （投資法人）    └─不動産投資法人
```

図9-1　日本の投資信託の分類
(出所)　投資信託協会「投資信託の全体像」より作成．

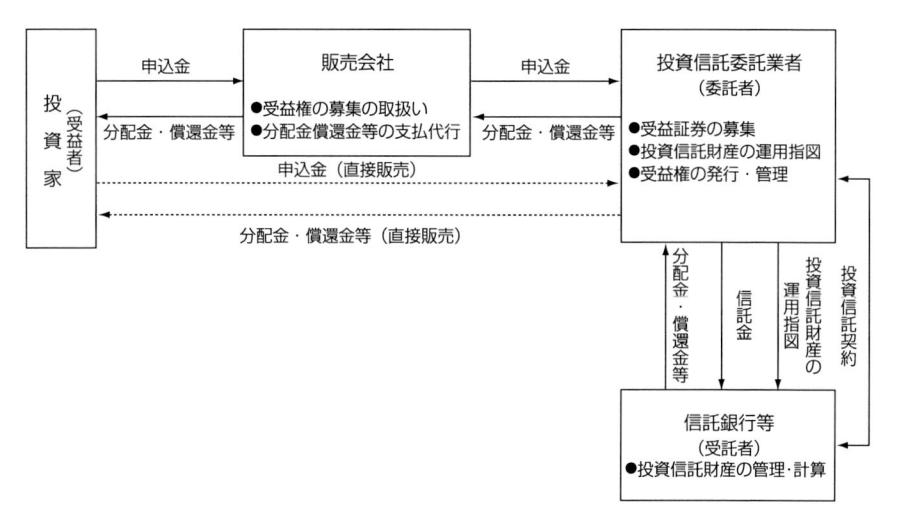

図 9-2 契約型投資信託（委託者指図型）の仕組み
（出所）日本証券業協会 証券教育広報センター『新・証券市場 2007』.

人）」がある．

　従来，日本の投資信託制度においては契約型が唯一の形態であったことから，現在でも日本で設定される投資信託の主流を占めているのが，契約型投資信託である．契約型投資信託は，委託者（投資信託委託業者）と受託者（信託銀行等）が投資信託契約を締結し，受益証券を受益者（投資家）に取得させるもので，**図 9-2** のとおり，委託者が運用の指図を行う「委託者指図型」と，委託者の指図に基づかず受託者自らが運用する「委託者非指図型」[2]に分けられる．

　委託者指図型のうち，投資信託財産の総額の 1／2 を超える額を有価証券に対する投資として運用することを目的とするものが「証券投資信託」で，これは主として株式を中心に運用される「株式投資信託」と，公社債を中心に運用され株式を一切組入れない「公社債投資信託」に分けられ，それぞれに当初募集期間しか購入できない「単位型」と，運用期間中に追加購入ができる「追加型」がある．

　一方，会社型投資信託は，米国のミューチュアル・ファンドをはじめ諸外国

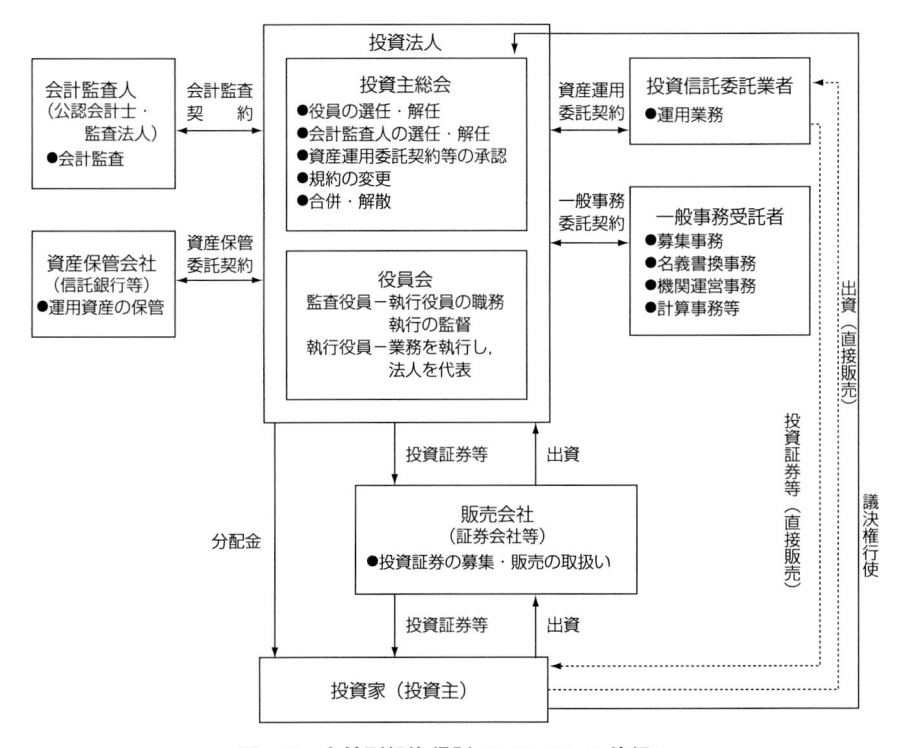

図 9-3　会社型投資信託（投資法人）の仕組み
(出所)　日本証券業協会 証券教育広報センター『新・証券市場2007』.

において広く普及しており，日本では1998年の金融システム改革（いわゆる日本版ビッグバン）によって，設立が可能となった投資信託である．

　日本の会社型投資信託は，**図 9-3** のとおり，主として有価証券や不動産等の特定資産に対する投資をして運用することを目的とした特別法人（投資法人）という形態をとっている．投資法人において，投資家は投資主として投資主権の行使や投資主総会への出席などによりファンドの運営に参加できるという点に大きな特色がある．

　また，投資信託は，途中解約の可否によって「オープン・エンド型」と「クローズド・エンド型」に分けられる．オープン・エンド型は，投資信託が発行

した証券の解約・買戻しに応じるものであり，クローズド・エンド型は，これに応じない代わりに発行証券を上場して取引することによって投資家に流動性を与えるものである．つまり，オープン・エンド型の投資家は，常に投資信託が保有する財産の純資産価値に基づいて証券を流動化できるのに対し，クローズド・エンド型の投資家は，流通市場における価格変動の影響を受けることになる．日本では，契約型投資信託は原則としてオープン・エンド型である．これに対し不動産投資信託に代表される会社型投資信託（投資法人）はクローズド・エンド型で，証券取引所への上場により投資家の換金性が確保されている．

（2）主要商品

① ETF

ETF（Exchange Traded Fund）は，株価指数や金価格などの指標への連動を目指すインデックス・ファンドで，株式と同様，証券取引所に上場され売買されるファンドである．

ETF（現物拠出型）は，**図 9-4** のとおり，株価指数等に連動する現物株式のバスケットを拠出し，引替えに受益証券（ETF）を受取ることになるため，その募集に応じるのは機関投資家や指定参加者（証券会社）が中心であり，個人投資家等は市場（証券取引所）を通じて ETF を取得することになる．また，当初募集後の ETF の残高は，現物株式のバスケットの持込み（追加設定），ETF との交換によって増減することになる．

このため，ETF には，① 通常の投資信託が市場の終値から算出される基準価額で追加設定や解約が行われるのに対して，証券取引所の市場価格でリアルタイムに売買することができる，② 一定の現物株式のバスケットによる設定や交換が随時可能であるため，通常の投資信託よりも運用コストを低減することができるといったメリットがある．

ETF は，1990 年カナダのトロント証券取引所に上場した TIPS 35（Toronto-35 Index Participation Units）が世界初といわれているが，その後世界各国の市場で

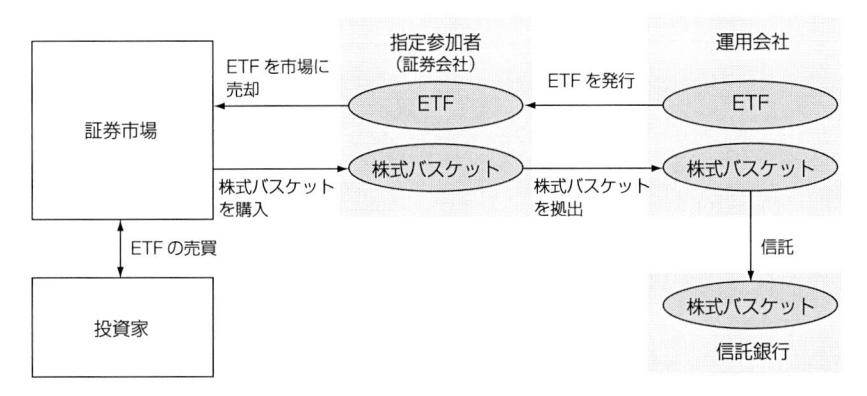

図 9-4 ETF（現物拠出型）の仕組み

（出所）投資信託協会.

急速に拡大し，世界の ETF 残高は 2008 年末に 7250 億ドルに達したと推定されている[3]．

日本では，2001 年政府の証券市場活性化策の一環として，現物出資型の ETF の組成が可能となり，同年 7 月東京証券取引所および大阪証券取引所に上場され，売買が開始された[4]．当初日本で設定できる ETF は，金融庁の告示により，日経平均株価（日経 225），東証株価指数（TOPIX），日経株価指数 300，S＆P/TOPIX 150 の 4 つの株価指数を対象とするものに限られていたが，その後，業種別株価指数の追加など段階的に ETF の多様化が図られ，2008 年には，利用者利便の向上の観点から，金，銀，石油などの商品現物および商品投資等取引（商品・商品指数に係る先物取引，スワップ取引，これらのオプション取引等）に係る権利が，ETF の投資対象となる特定資産に追加された．

これにより，2009 年 9 月末現在，ETF は東京証券取引所に 68 銘柄（内国 ETF 59 銘柄，外国 ETF 9 銘柄），大阪証券取引所に 13 銘柄（内国 ETF 13 銘柄）が上場され，純資産額は 2 兆 4702 億円となっている．

② 不動産投資信託

不動産投資信託とは，投資家から集めた資金を主として不動産に投資して，

そこで得られる賃貸収入や売却益等の収益を投資家に還元するファンドである．

不動産投資信託は会社型でも契約型でも設定が可能であり，① 法人格を持つファンド（投資法人）が資金を集め実際の不動産に関する運用を，宅建業免許を取得した資産運用会社に委託する方式（会社型），② 信託契約に基づいて証券会社などが集めた資金の運用を投信委託業者が信託銀行等に指図する方式（契約型・委託者指図型），③ 信託銀行等が資金を集め，自ら運用する方式（契約型・委託者非指図型）の3つの形態に分けられる．不動産投資信託は，有価証券と比較して流動性の低い不動産への投資を中心に運用が行われるため，多くの場合，クローズド・エンド型のファンドとして設定し，証券を証券取引所に上場することにより換金性，流動性を高めている．

不動産投資信託は，米国では 1960 年の創設以来，REIT (Real Estate Investment Trust) として定着しており，不動産の証券化の進展等を背景に，2000 年代以降は世界各国で不動産投資信託制度の導入が図られている．

日本の不動産投資信託市場は米国に倣い，J-REIT 市場と呼ばれ，2001 年 9 月東京証券取引所で取引が開始された．J-REIT 市場は米国，オーストラリア，フランス，英国に次ぐ世界第 5 位の市場規模にまで成長し，2009 年 9 月現在，上場 J-REIT は 42 銘柄，純資産額 3 兆 9711 億円となっている．

米国のサブプライム・ローン問題の顕在化以降，世界各国の不動産投資信託市場の成長は鈍化しているが，不動産投資信託は，不動産の証券化により不動産市場への資金導入を促進し，社会基盤の整備や経済の活性化に寄与するとともに，投資家への新たな投資機会を提供するという市場インフラとして重要な役割を果たしており，今後も健全な発展が期待されている．

（3） リスクとリターン

投資のリターンとは，投資から得られるキャッシュフロー（投資金額と回収金額の差額）である．リターンは，株式の配当金や債券の利金などの「インカム・ゲイン」と，投資元本の値上がり（値下がり）から得られる「キャピタル・ゲイ

第9章 投資信託　111

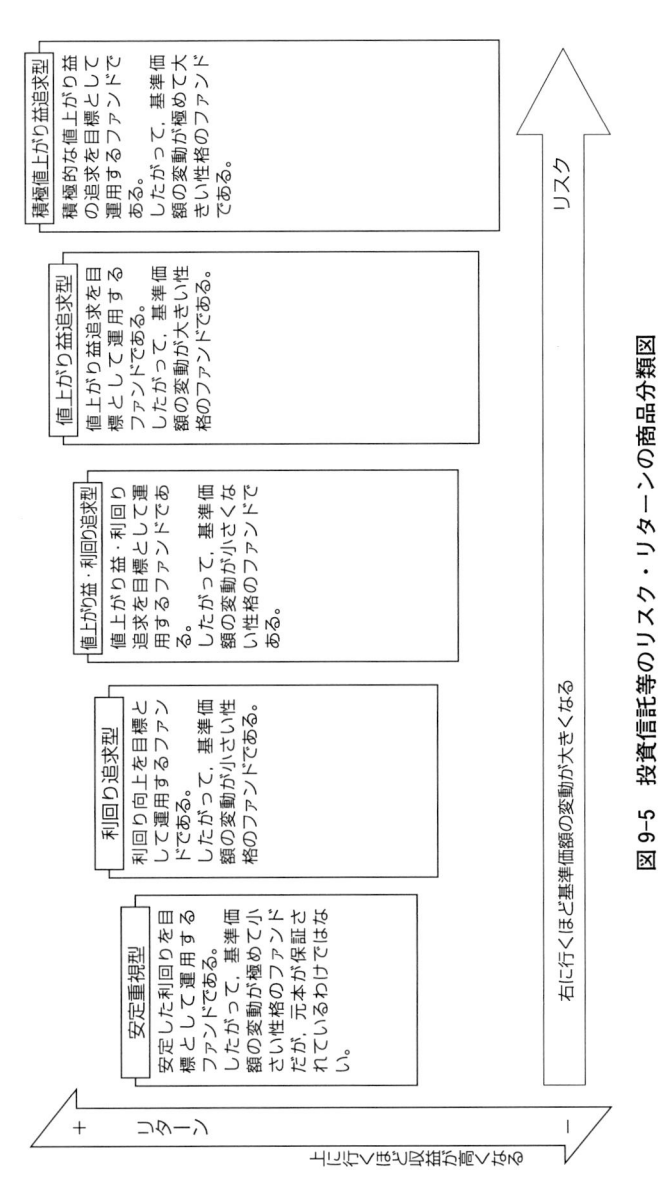

図9-5　投資信託等のリスク・リターンの商品分類図

安定重視型
安定した利回りを目標として運用するファンドである。したがって、基準価額の変動が極めて小さい性格のファンドだが、元本が保証されているわけではない。

利回り追求型
利回り向上を目標として運用するファンドである。したがって、基準価額の変動が小さい性格のファンドである。

値上がり益・利回り追求型
値上がり益・利回り追求を目標として運用するファンドである。したがって、基準価額の変動が小さくない性格のファンドである。

値上がり益追求型
値上がり益追求を目標として運用するファンドである。したがって、基準価額の変動が大きい性格のファンドである。

積極値上がり益追求型
積極的な値上がり益の追求を目標として運用するファンドである。したがって、基準価額の変動が極めて大きい性格のファンドである。

＋←リターン→−
上に行くほど収益が高くなる

リスク
右に行くほど基準価額の変動が大きくなる

(出所) 投資信託協会「広告等に関するガイドライン」別図.

ン（キャピタル・ロス）」に分けられる．

　一方，投資のリスクとは「不確実性」を意味し，具体的には期待したリターンに対する変動幅を表している．リスクとリターンは，トレードオフの関係にあり，大きなリターンを期待すればリスクも大きく，リスクを小さくしたければリターンもその分小さくなる．リスクには様々な種類があるが，投資信託の主なリスクとしては，①価格変動リスク，②信用リスク，③流動性リスク，④金利変動リスク，⑤為替リスク，⑥カントリーリスクなどがある．

　投資信託は，投資対象となる資産や地域，投資形態等によって多種多様な商品開発が可能であることから，ハイリスク・ハイリターンからローリスク・ローリターンまで様々なリスク・リターン特性を有する商品がある．

　そこで，投資信託協会では，投資信託等の募集等の勧誘にあたり，投資家に投資信託等がリスク商品であり，その度合いは商品の種類によって異なることを認識してもらう観点から，投資信託委託業者等の自社の責任において，**図9-5**のとおり，投資信託等を「Ⅰ群　安定重視型」，「Ⅱ群　利回り追求型」，「Ⅲ群　値上がり益・利回り追求型」，「Ⅳ群　値上がり益追求型」，「Ⅴ群　積極値上がり益追求型」の5群に分類した商品分類図を作成し，募集等の勧誘対象となる自社の投資信託等がいずれの分類に属するものかを投資家に明示することができることとしている．

　なお，当該分類は評価機関等の第三者機関より取得した評価ではなく，投資信託委託業者等がそれぞれの判断に基づき，運用にあたって想定している投資信託等のリスク度合いを相対的に明示しているものであることに留意が必要である．

3　ディスクロージャーとコスト

（1）ディスクロージャー

　投資信託が個人投資家にとって，より身近な金融商品となるためには，投資

家が自主的かつ合理的な判断に基づき投資できるよう，ディスクロージャーの充実を図ることが極めて重要である．投資信託のディスクロージャーには，投資家が投資信託を取得しようとする際に行われる「発行開示」と，ファンドの設定後一定期間ごとに行われる「継続開示」がある．

投資信託の発行開示については，日本版ビッグバンの一環として，1998年12月から約款の届出制への移行に伴い，目論見書の交付義務等が課された．また2004年12月には，投資家のニーズに応じた情報入手を容易にするため，投資信託の目論見書について，すべての投資家に交付を義務づける「交付目論見書」と，投資家からの請求があった場合に直ちに交付することを義務づける「請求目論見書」に分割されるとともに，投資家に分かりやすい名称とする観点から，「目論見書」に代えて「投資信託説明書」等を使用することが可能となった．

さらに2008年，金融審議会第一部会ディスクロージャー・ワーキング・グループにおいて，投資家にとって分かりやすく，真に必要な投資情報の開示を求める観点から，開示諸制度等の見直しについて審議が行われた．同年12月に取りまとめられたワーキング・グループ報告では，投資信託の目論見書について，①交付が義務づけられる交付目論見書を分かりやすく簡潔に記載されたものとする，②請求があった場合に交付される請求目論見書について電子交付手続の簡素化等を図り，発行者・販売会社のコスト軽減，投資家の利益拡大を図ることなど，今後の見直しの方向性が打ち出された[5]．

なお，米国においてもSEC（証券取引委員会）提案に基づき，要約目論見書を投資家に交付し，目論見書本体はネット上に掲載すれば目論見書の交付義務を満たしたと認めることなどを柱とする目論見書改革が進展している．

一方，ファンド設定後の継続開示については，決算時における監督当局への有価証券報告書の提出，投資家に対する運用報告書の交付がある．前述のワーキング・グループ報告では，運用報告書の内容および交付方法について，投資判断に必要な情報が投資家に対して分かりやすい形で的確に提供されるよう工

夫が行われていくべきであるとされている．

　目論見書や運用報告書については，投資家の投資判断に大きな影響を与えることから，投資家に必要な情報を正確かつ分かりやすく提供することが極めて重要である．また，その交付方法については，顧客の利便性の向上はもとより，販売会社のコスト負担も含めた管理上の負担軽減の観点から，インターネットを利用した電子交付の一層の促進が必要であると考えられる．

（2）投資信託のコスト

　証券投資信託のコストには，代表的なものに販売手数料，信託報酬，信託財産留保額と税金がある．

① 販売手数料

　購入時に販売会社に支払う費用である．ファンドによっては手数料がかからないもの（ノーロード）や，解約時にかかるものがある．投資金額の1－3％が一般的で，目論見書に記載がある．同じ販売会社でも，店頭よりインターネットでの購入の方が安い場合がある．

② 信託報酬

　投資信託の運用・管理などにかかる費用で，純資産総額の0.6％（パッシブ型）～1.6％（アクティブ型）で，信託財産の中から投資信託会社，受託銀行，販売会社に対して支払われる．信託財産の中から支払われるため投資家は間接的に負担しているといえる．運用益が出ない場合でも発生する．

③ 信託財産留保額

　投資信託を購入または解約する際，手数料とは別に徴収され，換金で発生する費用に充てるため信託財産に留保される．投資信託により徴収されるものとされないものがある（目論見書に記載）．

4 現状と課題

(1) 投資信託の現状

日本の投資信託（契約型公募投資信託）の純資産総額は，図9-6のとおり，1989年末に58兆6490億円にまで拡大したが，バブル経済崩壊後の証券市場の低迷等により，2002年末には36兆160億円まで減少した．

日本版ビッグバンとその後の改革によって，日本の投資信託制度は商品の多様化（会社型投資信託，私募投資信託，不動産投資信託，ETFの導入等）が図られるとともに，投資信託委託業者の拡大，販売チャネルの多様化，ファンドへの会計監査の導入などグローバル・スタンダードに沿った制度基盤の整備が進められた．2005年以降，投資信託残高は株式市場の回復とも相俟って急速に拡大し，2007年末には79兆7605億円にまで増加した[6]．

しかしながら，日本の投資信託市場を国際的に比較すると，2009年3月末の世界全体の投資信託残高18.15兆ドルに占める日本のシェアは2.8%（5200億ド

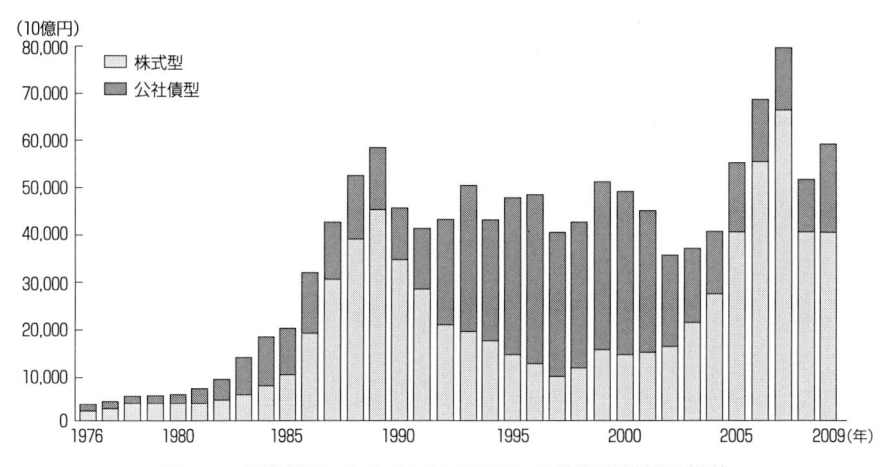

図9-6 投資信託（契約型公募投資信託）の純資産総額の推移

（出所）投資信託協会統計資料より作成．

ル)にとどまっており[7],米国の1/18程度の規模に過ぎない.また,個人金融資産残高に占める投資信託の比率は概ね4-5％の水準で推移するなど,日本において投資信託の普及度は低いといわざるを得ないが,投資信託は家計における効率的で多様な資産運用手段として優れた金融商品であることから,今後さらなる拡大が期待される.

(2) 販売チャネルの多様化

投資信託の販売は制度発足以来,証券会社のみで行われてきたが,1992年投資信託委託業者の直接販売が認められ,1997年には投資信託委託業者が銀行等金融機関から店舗を借りて直接販売を行う,いわゆる間借り方式が認められた.さらに日本版ビッグバンにより1998年からは銀行等金融機関による投資信託販売(いわゆる投信窓販)が解禁された.2005年6月には「日本郵政公社による証券投資信託の受益証券の募集の取扱い等のための日本郵政公社の業の特例等に関する法律」の施行により,日本郵政公社(現ゆうちょ銀行)が登録金融機関として登録され,同年10月から郵便局による投資信託の窓口販売が開始された.

こうした販売チャネルの多様化により,2009年9月末の契約型公募投資信託の純資産総額59兆3855億円のうち,証券会社の純資産額は33兆9458億円(57.2％)であるのに対し,銀行等金融機関の純資産額は25兆835億円(42.2％)にも上り,とりわけ公募株式投資信託は,銀行等金融機関が51.0％を占めるに至っている.

この背景には,低金利環境下での資産運用ニーズの高まりや,銀行等金融機関が手数料収入を得るため積極的に株式投資信託の販売を展開したことに加え,銀行等に対する高い信用度や店舗の利用しやすさなどがあると考えられる.今後,投資信託が国民にとって一層身近な金融商品として定着するために,銀行等金融機関が果たす役割は極めて大きいが,銀行等金融機関がリスク商品を販売する際には,顧客に預貯金等の元本確保型金融商品と誤認させることのない

よう，十分な商品説明に特段の注意を払う必要があろう．

(3) 金融リテラシーの向上

米国では，1990年代に入り，経済の景気回復等を背景とした株式市場の活況が投資信託のパフォーマンスを好転させ，多くの投資家に投資信託の有用性を認識させるとともに，主にベビーブーマー世代による401(k)プラン等の確定拠出年金を通して，投資信託市場は大きく成長した．

日本においても2001年10月確定拠出年金制度が導入されているが，企業年金連合会「2007年度確定拠出年金に関する実態調査（第2回）報告書」(2008年3月)によれば，資産残高ベースでの投資信託の比率は43.18%（元本確保型56.82%）となっている．制度導入当初に比べて投資信託の比率は上昇しているが，今後，投資信託が年金の主要な運用対象としての地位を確立するためには，年金資産の運用に適した投資信託商品の開発はもとより，金融リテラシーの向上が不可欠である．

近年，金融商品が多様化・複雑化する中で，米国，英国などの欧米諸国では，投資教育に対するニーズが高まり，積極的に金融リテラシーの向上に取り組んでいる．例えば，米国では，「2003年公正正確取引法」(Fair and Accurate Credit Transactions Act of 2003)に基づき，財務長官を委員長とした20の連邦政府機関の代表者で構成された「金融リテラシー教育委員会」(Financial Literacy and Education Commission)が設置され，金融経済教育を推進し，国家的に調整する仕組みを構築している．また，英国ではFSA（金融サービス機構）が2003年に「金融能力に係る国家戦略」(National Strategy for Financial Capability)を策定し，国を挙げてこの課題に取り組むことを宣言している．

投資信託が，個人と証券市場，証券市場と企業をつなぐ市場型金融の担い手としての役割を適切に果たしていくためには，日本においても金融リテラシーの向上を政策として遂行していくことが求められる．

注
1）私募投資信託とは，特定または少数の投資家を対象に設定される投資信託で，適格機関投資家を相手方として勧誘するもの（プロ私募）と，50人未満の投資家を相手方として勧誘するもの（少人数私募）がある．私募投資信託は，金融機関や大企業のオーダーメイド的な性格が強いため，販売対象に制限のない公募投資信託に適用される運用規制やディスクロージャー規制の一部が緩和されている．
2）委託者非指図型は，証券投資信託の設定が認められていないため，主として不動産など有価証券以外を投資対象としている．
3）杉田浩治「金融危機発生後の世界の投資信託の動向」『証券レビュー』第49巻第6号，日本証券経済研究所，2009年6月．
4）1995年に設定され，全国の証券取引所に上場されている「日経300株価指数連動型上場投資信託」は，ETFと同様，株価指数に連動する上場投資信託であるが，現物拠出型ではなく，金銭拠出により投資信託を設定し，その受益証券と日経300を構成する株式現物との交換を行うタイプの投資信託である．
5）2009年11月，金融庁は，投資信託の目論見書制度に関して，① 交付目論見書の記載内容を投資者の投資判断に極めて重要な事項のみとし，分かりやすく，読みやすいものとするとともに，請求目論見書の記載内容を有価証券届出書と同様とし，記載内容の充実を図ること，② 電子交付の利便性・利用促進を図るため，その要件である投資家の承諾の方法について，現行の「書面および電磁的方法」に「電話その他の方法」を追加することを内容とする「企業内容等の開示に関する内閣府令」等の一部改正案を取りまとめ公表した．
6）2008年以降米国のサブプライム・ローン問題に端を発した世界金融危機により残高は急減し，2009年初めには純資産総額は50兆円を割り込んだが，2009年9月末現在59兆3855億円と，増加に転じている．
7）投資信託協会「投資信託の世界統計 2009年第1四半期（1月‐3月）」．

参考文献
証券経営研究会編『金融システム改革と証券業』日本証券経済研究所，2008年．
杉江雅彦監修，坂下晃編著『証券論15講』晃洋書房，2003年．
杉田浩治『投信ビジネスの国際比較』日本証券経済研究所，2007年．
野村アセットマネジメント編著『投資信託の法務と実務〈第4版〉』金融財政事情研究会，2008年．
野村證券投資情報部編『証券投資の基礎』丸善，2002年．
蝋山昌一編『投資信託と資産運用』日本経済新聞社，1999年．

第10章 デリバティブ市場

1 デリバティブ

(1) デリバティブの機能

デリバティブ (derivatives) は，英語の derive (引き出す，派生する) という動詞を名詞化した単語で，伝統的な商品から派生してできた取引の総称であり，派生商品と呼ばれている．デリバティブの元になっている資産を原資産といい，それには農産物や貴金属などの農・工業産品や，金利・為替・債券・株価指数など金融商品を対象にしたものがある．このうち，金融商品を対象にしたデリバティブを金融派生商品という．

現代社会では，金融資産の価格変動 (volatility) が激しくなっており，これらの金融資産を保有している投資家の中に，この価格変動リスクを回避したいというニーズがある．このニーズにこたえることができるのがデリバティブであり，デリバティブ取引を通じて価格変動リスクを引き受けようとする投資家にリスクを移転することが可能である．

(2) デリバティブ取引の種類

デリバティブ取引には，ヘッジ取引，投機 (スペキュレーション) 取引，裁定 (アービトラージ) 取引などがある．

ヘッジ取引とは，リスクを回避 (リスク・ヘッジ) するための取引である．ヘッジ取引を行う投資家をヘッジャーという．例えば，株式を保有している場合，

株価が値下がりするとその分だけ損失が発生するが，先物取引で売りを行うことにより株価が値下がりするとその利益で株式の値下がり損失をある程度，回避することが可能となる．

投機取引とは，リスク覚悟で将来の価格変動による利益を獲得することのみに着目する取引である．投機取引を行う投資（投機）家をスペキュレーターという．デリバティブを利用すれば，少ない元手で大きなポジションを作ることが可能であるため，大きなリターンが期待できるというレバレッジ効果（梃子の効果）がある．

裁定取引とは，複数の市場で異なる価格が成立しているときに，割安な市場で買い，割高な市場で売ることで，無リスクで利益を獲得する取引のことである．裁定取引を行う投資家をアービトラージャーという．

これらの取引が可能なデリバティブの種類には，証券取引所に上場され取引が行われている先物取引やオプション取引のほか，スワップ取引，国内外の株価指数などを参照原資産とした差金決済取引であるCFD取引，信用リスクを対象としたCDS取引などがある．

2　先物取引の仕組み

(1) 先物取引

先物取引とは，ある特定の商品を将来の一定の期日（満期日）に現時点で取り決めた価格・数量で取引することを約束する契約である．先物取引の起源は，江戸時代に大阪の堂島米会所で行われていた米を対象にした先物取引（帳合米取引）だといわれている．この取引は江戸時代の終焉とともに消滅したが，その後，農・工業産品を対象とする商品先物取引として復活した後，金融商品を対象とする先物取引が誕生した．

証券取引所で取引されている先物取引には，大証で取引されている日経225先物，日経225 mini，東証で取引されているTOPIX先物や長期国債先物など

表 10-1　主要な株価指数先物取引の取引金額　　　（単位：兆円）

年	日経 225 先物	日経 225 mini	TOPIX 先物	ミニ TOPIX 先物	国債先物
2005	228.7	—	167.5	—	1,366.2
2006	403.3	10.3	241.4	—	1,615.9
2007	507.4	82.4	273.3	—	1,820.5
2008	423.1	113.0	215.3	0.7	1,461.9
2009	234.3	98.3	131.5	0.6	936.0

（注）日経 mini は 2006 年 7 月，ミニ TOPIX は 2008 年 6 月取引開始．
（出所）大阪証券取引所及び東京証券取引所の HP．

がある[1]．日経 225 先物と日経 225 mini 先物取引は共に日経平均株価を原資産にしているが，日経 225 mini は売買単位や証拠金は日経 225 先物の 1/10 で，取引値幅は日経 225 先物が 10 円で日経 225 mini がその半分の 5 円と，きめ細かい注文が可能となっているのが特徴である．TOPIX 先物取引は，東証株価指数（TOPIX）を対象にした先物取引である．国債先物取引は，取引所が利率や償還期限などを標準化して設定した標準物を取引の対象としたものである．

日本の主要な株価指数先物取引の取引金額を比較すると，もっとも取引が活発なのは日経 225 先物取引である（**表 10-1** 参照）．同じ日経平均株価を対象にした日経 225 mini と合計すると，TOPIX を対象にした株価指数先物取引の合計の倍以上ある．

（2）　先物取引の仕組み

先物取引のもっとも代表的なものは，日経 225 先物であるので，以下ではこれを例に先物取引の基本的な仕組みをみていく．

先物取引は取引条件が定型化され，組織化された取引所で不特定多数の投資家により競争売買が行われるため，取引の流動性が確保されると同時に，公正な価格で取引が行われる．また取引参加者は，一定割合の証拠金を預託することにより取引に参加することができるため，所有資産以上の取引が可能である．さらに取引参加者は，満期日には強制的に決済が行われるが，満期日までの間はいつでも自由に反対売買（転売または買戻し）により，売値と買値の差額で決

済（差金決済）することが可能となっている．これら取引条件の定型化，取引所取引，証拠金制度，差金決済などが先物取引の特徴といえる．

なお，先物取引を行う際に必要な証拠金であるが，日経225先物取引が行われている大証では，大証でのデリバティブ取引全体の建玉から生じるリスクに応じて適正な証拠金を求めるシステムであるSPAN (Standard Portfolio Analysis of Risk) より証拠金の最低必要金額が計算される．

（3） 先物取引と現物・信用取引の違い

先物取引と現物取引との違いは，まず現物取引では売買の都度，代金全額を受け渡しするが，先物取引では証拠金を差し入れるだけで取引可能で，かつ，売買により生じた損益（差金）のみを受け渡しするだけで済む点が挙げられる．また，現物取引で購入した株式は長期間保有することが可能であるが，先物取引では満期日が予め決まっているため，その日になれば強制的に決済が行われる点が異なる．株価指数先物取引の取引限月は3・6・9・12月となっており，満期日は，3・6・9・12月の第2金曜日で，取引最終日は満期日の1営業日前となっている．なお，先物取引の満期日で用いられる清算値は特別清算指数(SQ : Special Quotation) と呼ばれ，株価指数先物では指数を構成する各銘柄の始値を元に算出される値が使用される．日経225先物取引なら日経平均株価の始値ではなく，指数を構成する225銘柄全ての始値を元にSQ値が算出されるため，その日の日経平均株価の高値と安値の範囲以外でSQ値が成立することもある．

またレバレッジ効果があるという点では，信用取引と似ているが，先物取引と信用取引の違いは，信用取引では取引可能額は委託保証金の3倍程度であるのに対して，先物取引では証拠金の10-20倍程度とかなり大きいなど，レバレッジ効果が高いという点が挙げられる．さらに，信用取引はあくまでも株式取引（現物取引）の一形態であり，決済は現物市場で行われるが，先物取引は現物市場とは別の市場で取引されている点が挙げられる．加えて，信用取引では

買い方には金利負担があり，売り方には品貨料が発生する場合があるなど取引コストが掛かるが，先物取引ではこのようなコストは掛からない点で異なる．

（4） 先物取引の投資手法

　先物取引には，ヘッジや投機など様々な投資手法があるが，ここでは現物市場に影響を与える裁定取引についてみておく．市場間の価格差を利用して利益を得る裁定取引であるが，先物と現物の価格差を利用する場合は先物の理論価格が用いられる．これは，現物価格に満期日までの金利や配当を考慮して，

$$先物理論価格 = 現物価格 \times \{1 + (短期金利 - 配当利回り) \times 満期日までの日数 \div 365\}$$

という計算式（短期金利と配当利回りは年率）で求められる．この理論価格との乖離が生じると裁定取引が行われる（図10-1参照）．例えば，現実の先物価格が理論価格を上回ると，割高な先物を売り，割安な現物を買うという裁定買い取引が行われる．満期日には先物と現物の価格は事実上，一致することになっているので，そこで先物を買い戻し，現物を売却する（裁定解消売り）という反対売買をすれば，最初の価格差を利益とすることができる．また，現実の先物価格が理論価格を下回ると，先物買い・現物売りという裁定売り取引が行われ，先物が割高になった時点で，反対売買をして利益を確定する裁定取引もある．なお，市場で注目されるのは裁定買い取引であり，先安観が強く，現物株の買い注文が少ない局面では，裁定解消売りが株価下落を増幅させる要因になることもある．そのため，裁定取引に組み込まれた現物株の買い残高である裁定買い残は市場の需給を見るうえで重要な指標の1つとなっている．

　また，裁定取引の一種に先物同士で裁定取引を行うスプレッド取引という投資手法もある．スプレッド取引とは，2つの先物の価格差（スプレッド）を利用した取引で，スプレッドが一定水準以上に乖離した時に，割高な方を売り，割安な方を買うという取引を行い，スプレッドが一定水準に戻ったところで，そ

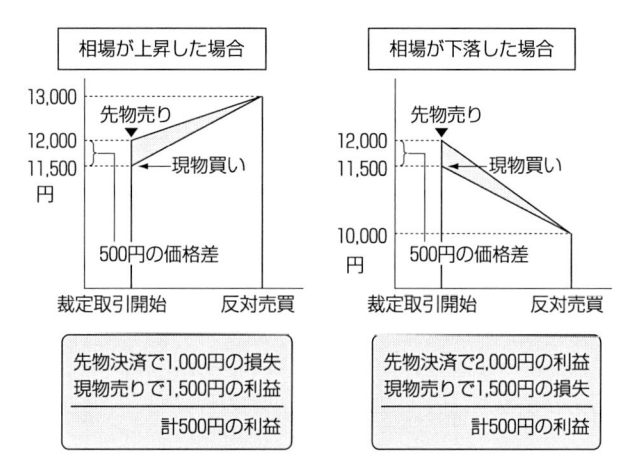

```
                    相場が上昇した場合                    相場が下落した場合
         13,000        先物売り                12,000    先物売り
         12,000    ▼                          11,500 ┤
         11,500 ┤      ← 現物買い              円           ← 現物買い
         円
                      500円の価格差            10,000
                                               円       500円の価格差
              裁定取引開始  反対売買              裁定取引開始  反対売買

         先物決済で1,000円の損失              先物決済で2,000円の利益
         現物売りで1,500円の利益              現物売りで1,500円の損失
              計500円の利益                        計500円の利益
```

図 10-1 裁定取引の仕組み
(出所)『日本経済新聞』2005年8月4日.

れぞれの先物取引について決済を行い，利益を得る取引である．同一の先物取引の異なる限月間で裁定取引を行う限月間スプレッド取引（カレンダー・スプレッド取引）や，日経225先物取引とTOPIX先物取引という異なる市場間の先物価格差を利用した市場間スプレッド取引がある．

3 オプション取引の仕組み

(1) オプション取引

オプションとは，一定の価格で買ったり売ったりする権利のことである．オプション取引の歴史は，古代ギリシャ時代，オリーブの圧搾機を借りる権利を対象にした取引に遡るという説がある．

オプション取引には，買い付ける権利であるコール・オプションと売り付ける権利であるプット・オプションがあり，それぞれ買いと売りの取引がある（図10-2・10-3参照）．オプションを行使する約定価格を権利行使価格（ストライク・プライス）という．オプション購入の対価として支払われるオプション料を

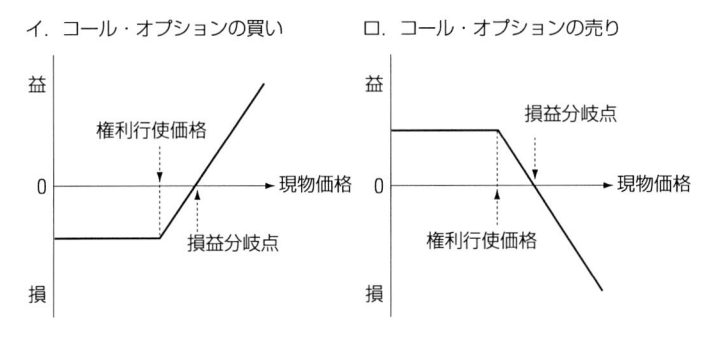

図 10-2 コール・オプションの満期時の損益図

（イ．コール・オプションの買い／ロ．コール・オプションの売り）

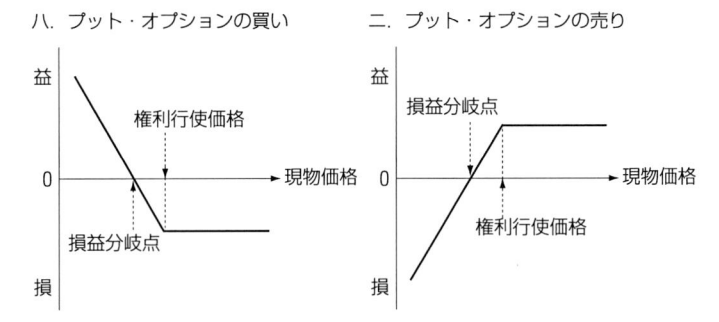

図 10-3 プット・オプションの満期時の損益図

（ハ．プット・オプションの買い／ニ．プット・オプションの売り）

プレミアムといい，取引が成立すると買い手は売り手にプレミアムを支払う．コール・オプションの買い方は，原資産の価格が権利行使価格を上回れば権利を行使して利益を得ることができるが，権利行使価格以下なら放棄することができる（プット・オプションの買い方はその逆）．つまり，権利を行使する義務はなく，損失はプレミアムに限定される．一方，オプションの売り方は，買い方が権利行使を行わなければプレミアムがそのまま利益となるが，買い方が権利を行使した場合にはこれに応じる義務があり，損失は無限大となる．

なお，オプションの権利を行使できる最終日を満期日といい，満期日のみに権利行使できるものをヨーロピアン・タイプ，満期日までの間，いつでも権利行使できるものをアメリカン・タイプという．

表10-2 主要な株価指数オプション取引の取引金額
(単位:10億円)

年	日経225オプション	TOPIXオプション	国債先物オプション
2005	1,434	17.3	357.1
2006	2,795	13.5	500.9
2007	3,328	11.9	634.3
2008	4,997	57.3	735.4
2009	5,203	20.9	573.0

(出所)大阪証券取引所及び東京証券取引所のHP.

　取引所に上場されているオプション取引には,日経225やTOPIX等の株価指数,株券・ETF・REIT等の有価証券(個別証券),長期国債先物・中期国債先物等の国債先物を原資産とするものがあるが,株価指数や有価証券オプションはヨーロピアン・タイプで,国債先物オプションはアメリカン・タイプである.
　日本の主要な株価指数オプション取引の取引金額を比較すると,もっとも取引が活発なのは日経225オプション取引である(表10-2参照).TOPIXを対象にしたTOPIXオプション取引を圧倒している.

(2) プレミアム

　プレミアム価格は,現時点でオプションを行使したときに得られる価値である本質的価値と,オプションの将来への期待価値である時間的価値で決定される.本質的価値は,権利行使価格と市場価格の差額として計算され,本質的価値が発生している状態,つまり利益が出ている状態のオプションをイン・ザ・マネー(ITM)といい,損益がゼロの状態をアット・ザ・マネー(ATM),損失が出ている状態をアウト・オブ・マネー(OTM)という(図10-4参照).ATMやOTMでは本質的価値はゼロであるが,プレミアムはゼロとならないのは時間的価値があるからである.
　時間的価値の決定要素には,予想変動率,残存期間,金利の3つがある.予想変動率は,一定期間にどの程度,原資産価格が変動するかを確率的に予想し

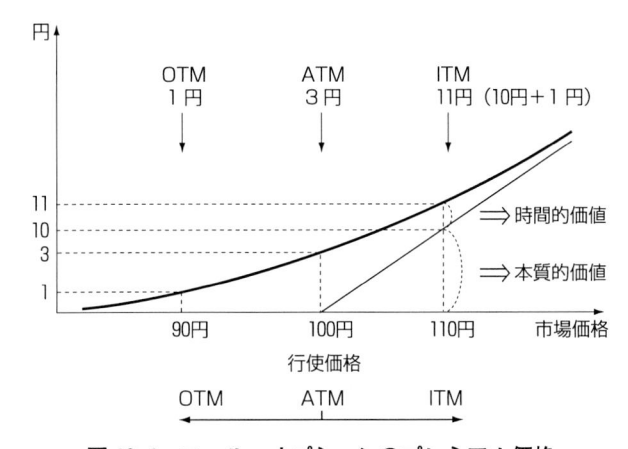

```
    円↑
              OTM      ATM      ITM
              1円      3円      11円（10円＋1円）
               ↓       ↓        ↓

     11  ----------------------------┐
     10  -------------------------┐  ⇒ 時間的価値
      3  -------------┐
      1  ---┐         │           ⇒ 本質的価値
           90円    100円      110円    市場価格
                    行使価格
           OTM      ATM      ITM
```

図 10-4　コール・オプションのプレミアム価格
（出所）　有馬秀次『実戦オプション取引入門』日本経済新聞社, p. 55.

た値で，過去の相場から確率的に求めた変動率であるヒストリカル・ボラティリティ（HV：Historical Volatility）と，HVを参考にして需給関係などから決定される将来の予想変動率であるインプライド・ボラティリティ（IV：Implied Volatility）がある．予想変動率が大きいことは，原資産の変動が大きいことを意味するので，プレミアムは高くなる．残存期間は，満期日までの期間であり，長いほど原資産が変動する可能性が高くなるのでプレミアムは高くなるものである．オプションの時間的価値部分は，満期日が近づくにつれ小さくなり，満期日にはゼロになる．この性質をタイム・ディケイ（時間的価値の減少）という（図10-5参照）．金利は，オプションの持ち越し費用（キャリングコスト）としてプレミアムに影響を与えるものである．金利が上昇するとコール・オプションのプレミアムは上昇する（プット・オプションは逆）．

（3）　オプションの投資戦略

　先物取引は，上がるか下がるかの予想で，買いか売りかの単純な取引を行うものであるのに対して，オプション取引には，単にコール・オプションやプッ

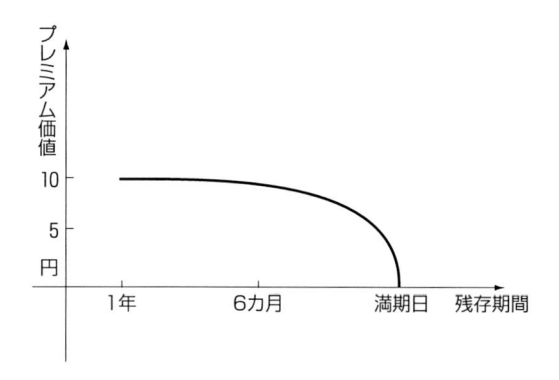

図 10-5　オプション価値のタイム・ディケイ
(出所)　有馬秀次『実戦オプション取引入門』日本経済新聞社, p.53.

ト・オプションを売買するだけではなく，これらを組み合わせたものなど様々なものがある．そのため，値動きの幅に応じて細かく戦略を選ぶことが可能である．

例えば，同じ権利行使価格のコール・オプションとプット・オプションを同数購入することで相場が短期的に大きく変動する際に上昇しても下落しても利益を得ることができる取引（ロング・ストラドル）や，同じ権利行使価格のコール・オプションとプット・オプションを同数売却することで，相場があまり変動しない場合でも利益を得ることができる取引（ショート・ストラドル）などが可能である．

4　その他のデリバティブ

(1)　スワップ取引

スワップとは「交換」という意味で，将来のキャッシュ・フローを，決められた期間に決められた回数だけ等価交換する取引をいう．取引は相対取引で行われるため，双方のニーズに応じて柔軟に対応できる半面，契約相手方が倒産しスワップ契約が履行されなくなるという危険性も兼ね備えている．

スワップ取引の種類には，交換されるものにより，金利スワップと通貨スワップなどがある．金利スワップは，同一通貨間の異なる種類の金利（固定金利と変更金利など）を交換するもので，通常，元本の交換は行われず，金利の交換は差金決済で行なわれる．通貨スワップは異種通貨間の異なる種類の金利を交換するもので，元本の交換が行われる．

（2） CFD 取引

CFD（Contract for Difference）は，差金決済取引のことであり，国内外の株価指数や債券先物，商品などの金融商品の価格を参照原資産とし，現物の受け渡しを伴わず，売買の差額で決済するデリバティブ取引である．預けた証拠金の数倍から数十倍の金額の金融商品を売買することが可能であるため，海外の金融商品への投資が少額の資金から可能である．また，銘柄によっては24時間取引が可能で，売買手数料が無料であるものが多い．

（3） CDS 取引

CDS（Credit Default Swap）は，企業の債務不履行（デフォルト）を対象にしたデリバティブ取引である．従来のデリバティブ取引は市場リスクを売買するが，CDSは信用リスクを売買するものであるため，債権を保有したまま，信用リスクのみ移転することが可能である．CDSの買い手は，売り手に信用リスクに基づく対価（プレミアム）を支払う．特定の企業（参照企業）にクレジット・イベント（倒産等の事象）が発生した場合，買い手は参照企業の債権を引き渡すことで，債権相当額の金銭を受け取ることができる．

注
1) このほか，大証では日経300先物とRNプライム指数先物が，東証ではミニTOPIX先物，TOPIX Core 30先物，東証REIT指数先物，東証電気機器先物，東証銀行業先物，中期国債先物，ミニ長期国債先物が上場されている．

参考文献

浅賀卓爾『図解雑学デリバティブ』ナツメ社，2001 年.

有馬秀次『実戦オプション取引入門』日本経済新聞社，1990 年.

藤崎達哉『デリバティブの基本とカラクリがよ〜くわかる本』秀和システム，2006 年.

J-CDS（東京金融取引所が運営）(http://www.j-cds.com/index.html).

第11章　証券化商品市場

1　証券化商品とは

　直接金融市場と間接金融市場を結ぶ新たな金融商品として，証券化商品が注目されている．2007年半ばに生じたアメリカのサブプライム・ローン問題より，近年は，証券化商品が金融市場の混乱を招いたとして負の側面ばかりが取り上げられたが，そもそもは，新しい資金調達方法として1970年代にアメリカで開発された金融商品であり，資産を有効に活用するための１つのツールである．

　証券化（Securitization）とは，何らかの仕組みをもちいて，ある資産から生じるキャッシュフローを支払いの原資とした有価証券を発行する方法のことである．

　証券化に利用する資産を原資産とよぶ．原資産は，例えば不動産などの資産から，住宅ローンやクレジットカード債権など，多岐にわたる．これらから生じるキャッシュフローを支払いの原資として，有価証券が発行される（図11-1）．

　証券化の大きな役割は３つある．まず，新たな資金調達の役割である．例えば不動産を原資産とした証券化商品を投資家に販売することは，不動産の保有者にとっては，不動産を利用した資金調達と同じ効果を持つ．次に，リスク分散である．例えば住宅ローンなどの長期にわたる債権は，期間が満了するまで，貸し倒れリスクを常に抱えていなければならない．しかしこれら債権を証券化して投資家に売却することによって，リスクを分散し，さらに投資家に転嫁す

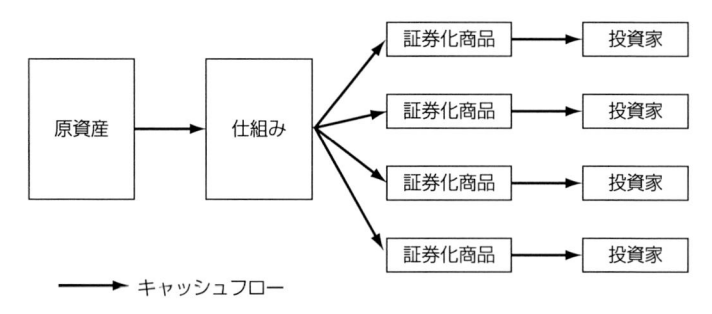

図 11-1　証券化商品概念図

ることが可能となる．また最後の役割としては，新たな資金運用手段を投資家に提供する，ということである．これまで直接金融市場においては，株式，債券，または投資信託が主な金融商品であったが，あらたに証券化商品が加わることにより，投資家の資金運用手段の多様化につながる．

このように，間接金融においては相対で行われている取引に，証券化という金融技術を取り入れることにより，間接金融に直接金融市場を取り込む形となり，あらたな資金調達や運用の場を広げることが可能となった．これをふまえて，証券化商品を介した金融は「市場型間接金融」とも呼ばれている（図 11-2）．

証券化商品には2つの種類がある．1つはエクイティ型と呼ばれるもの，もう1つはデット型と呼ばれるものである．

（1）エクイティ型

エクイティ型の証券化商品は，例えば不動産などの原資産に対する所有権，もしくはそれと同等の権利から生じるキャッシュフローが証券化されたものであり，原資産から生じる利益などを原資としている．エクイティ型の代表的な証券化商品としては，REIT（Real Estate Investment Trust：不動産投資信託）が挙げられる．

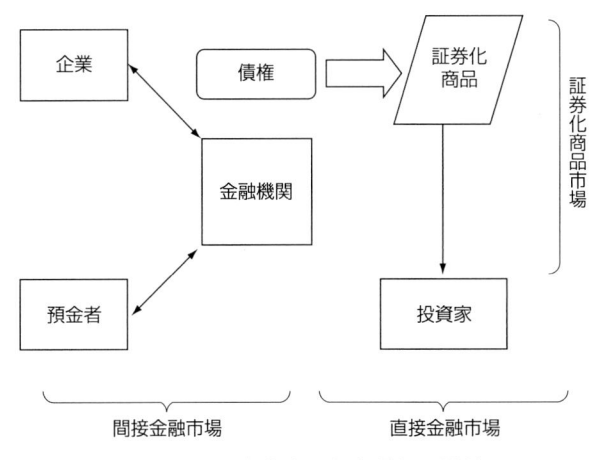

図11-2　証券化商品と市場との関係

（2）デット型

　デット型の証券化商品とは，債権，もしくはそれと同等の権利から生じるキャッシュフローが証券化されたものであり，原資産から生じる返済金などを原資としている．デット型の代表的な証券化商品としては，住宅ローンを原資としたものや，自動車ローンなどを原資としたものなどが挙げられる．

　またデット型はさらに，パススルー（pass through）型とペイスルー（pay through）型の2種類に分類できる．パススルー型とは，債権を信託財産として，そこから発行する受益権証書を投資家が所有する方法であり，投資家は債権から生じる利益を受ける権利を直接に有する形をとる．一方ペイスルー型とは，原資産となる債権を所有する発行体が，これを担保として証券を発行する方法であり，投資家は原資産に対して直接の所有権を持たないが，これから生じるキャッシュフローの分配を受ける．

　また証券化市場においては，様々な役割を果たすプレイヤーが存在する．

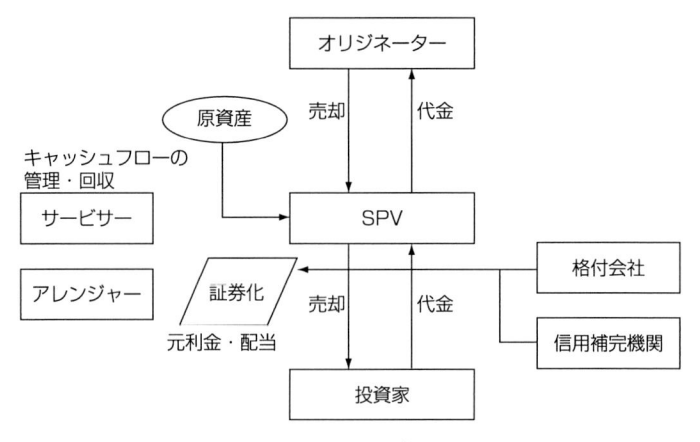

図11-3 証券化のプレイヤー

- オリジネーター

  原資産の保有者を指す．

- 特別目的事業体（Special Purpose Vehicle：SPV）

  証券の発行体となるプレーヤーを指す．オリジネーターの持つ資産を保有し，有価証券を発行する．オリジネーターから保有資産が分離されることにより，オリジネーターが倒産した際にも，キャッシュフローが途切れることがなく，SPVや証券化商品そのものに影響が及ばない仕組みとなっている（これを倒産隔離という）．SPVは，信託や組合を利用する場合や，国内または海外に特別目的会社（Special Purpose Company：SPC）を設立する場合がある．

- サービサー

  原資産から生じるキャッシュフローの管理・回収を，オリジネーターに代わって専門に行う機関である．原資産から生じる利益や回収金を管理し，SPVへそれを引き渡す役目を持ち，これも倒産隔離の1つである．

- アレンジャー

  証券化の仕組みの組み立てや提案（アレンジ）を行い，また発行された証券化商品を引受け，販売する．

これらの他に，証券化商品の信用リスクを評価する格付会社や，信用リスクが高い場合に信用を補完する信用補完機関などが存在する（図11-3）．

2　証券化商品の種類と市場

証券化商品は，原資産に合わせて様々な種類が存在する．基本的にはキャッシュフローが生じる資産であれば証券化できると考えて良いだろう．以下に挙げるのは主な証券化商品である．

（1）　MBS（Mortgage Backed Securities）
住宅ローンを原資産とした証券化商品であり，商業用不動産の証券化と明確に区別する場合には，RMBS（Residential Mortgage Backed Securities）とも呼ばれる．MBSは資産担保証券（Asset Backed Securities：ABS）の一部であるが，証券化商品市場に占めるボリュームが大きいため，MBSと特に指して呼んでいる．

（2）　ABS（Asset Backed Securities）
資産担保証券と呼ばれ，住宅ローン債権をのぞいたその他資産を原資産とする証券化商品である．自動車ローンやクレジットカード債権，住宅担保貸付け，学生ローンを原資産とした証券化が行われている．

（3）　CMBS（Commercial Mortgage Backed Securities）
商業用不動産担保証券とも呼ばれ，MBSの一部であり，商業用不動産を原資産として証券を発行するものである．具体的には，オフィスビルやショッピングセンター，ホテルなどを原資産とした証券化が行われている．

（4）　CDO（Collateralized Debt Obligation）
債務担保証券と訳される．複数の社債や債務を集めたものを原資産として発

行される資産担保証券の総称である．CDO は細分化すれば，住宅ローンや MBS そのものを原資産として発行される CMO (Collateralized Mortgage Obligation) や，債券のプールを原資産とする CBO (Collateralized Bond Obligation) などが挙げられる．これらが単なる ABS と異なる点は，原資産のキャッシュフローから，優先劣後構造にそったトランシェ分けを行い，証券化商品として発行する点である．トランシェとはリスクの高さに応じて分けられた階層を意味し，優先劣後構造によって分けられる．大別すると，優先的にキャッシュフローが受け取られるデット (debt) 部分と，支払いが劣後するエクイティ (equity) 部分，デットとエクイティの中間となるメザニン (mezzanine) 部分である．もちろんそれぞれ信用リスクが異なる．上位トランシェは信用リスクが小さく，格付けは高い．しかし分配金は下位トランシェより少なく，いわゆるローリスク・ローリターンの証券化商品となる．一方，最下位のトランシェであるエクイティ部分は，信用リスクが非常に大きく，しばしば格付けがつかない場合もある．もちろんこの部分はハイリスク・ハイリターンである．また CDO は原資産として，現物資産のみならず既に発行されている ABS をプールして再証券化する場合もあり，キャッシュフローとリスクの構造は複雑である．

（5） REIT (Real Estate Investment Trust)

不動産投資信託とも呼ぶ．不動産への投資を目的とした投資信託であり，REIT を発行するために設立された投資法人が，不動産投資にて資金を運用し，不動産から得られる賃料や運用から得られる収益を投資家に分配する仕組みである．日本の REIT は，Japan の頭文字をとって，J-REIT と呼ばれている．

このように，証券化商品には様々な種類があるが，初めて発行された証券化商品は MBS である．1970 年アメリカにおいて，連邦政府抵当金庫 (Government National Mortgage Association：GNMA, 通称ジニーメイ (Ginnie Mae)) が，住宅ローン債権を証券化したのが初めての MBS であった．さらに翌年の 1971 年に，連

(10億ドル)

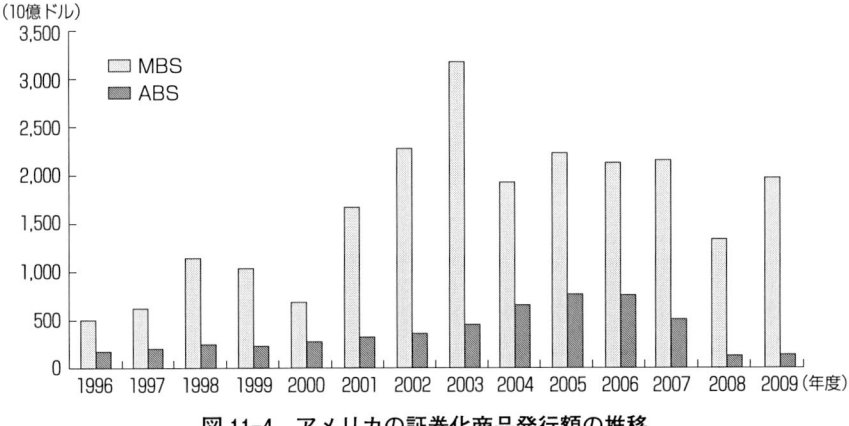

図11-4 アメリカの証券化商品発行額の推移
(出所) SIFMA Statistics より作成.

邦住宅金融抵当金庫 (Federal Home Loan Mortgage Corporation：FHLMC, 通称フレディマック (Freddie Mac)) が同様に住宅ローン債権を証券化, また1981年には, 連邦住宅抵当公庫 (Federal National Mortgage Association：FNMA, 通称ファニーメイ (Fannie Mae)) も住宅ローン債権の証券化を開始した.

これらの金融機関はいずれも, アメリカにおける住宅建設を促進する目的で設立された機関であり, 住宅ローン債権の証券化を進めている. ジニーメイは, 退役軍人省や連邦住宅庁のMBSの原資産に対して, 元利金の支払いを保証する機関である. またフレディマックとファニーメイは政府援助法人 (Government Sponsored Enterprises：GSE) の一部であり, 民間企業ではあるが, ジニーメイと同様にアメリカ国民の住宅取得を促進する役割を担っている. MBSはアメリカの証券化商品市場において中心的なシェアを占めている (図11-4).

また, MBS市場の拡大にともない, 住宅ローン以外の様々な資産の証券化 (ABS) も増加してきた. ABSの原資産には, 自動車ローンや住宅担保貸付け, クレジットカード債権や学生ローンなどが挙げられる. 図11-5では2006年度

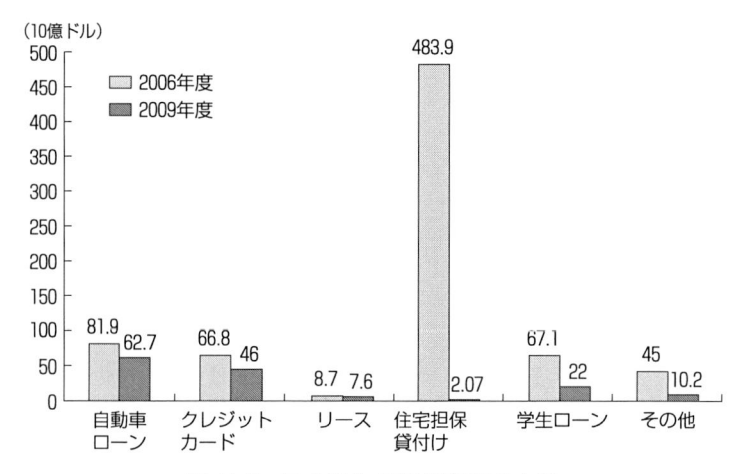

図 11-5　アメリカ ABS 原資産の内訳

(出所) SIFMA Statistics より作成．

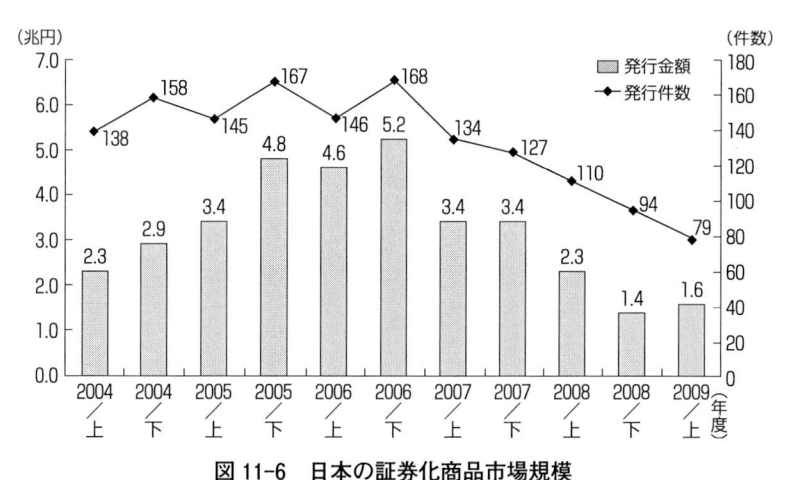

図 11-6　日本の証券化商品市場規模

(出所) 日本証券業協会・全国銀行協会「証券化市場の動向調査」より作成．

と 2009 年度を比較しているが，顕著に異なるのは住宅担保貸付けの証券化商品額である．金利の上昇によるサブプライム・ローンの焦げ付きにより，住宅を手放す件数が増加し，それにともなって住宅担保貸付け自体が減少したためと考えられる (図 11-5)．

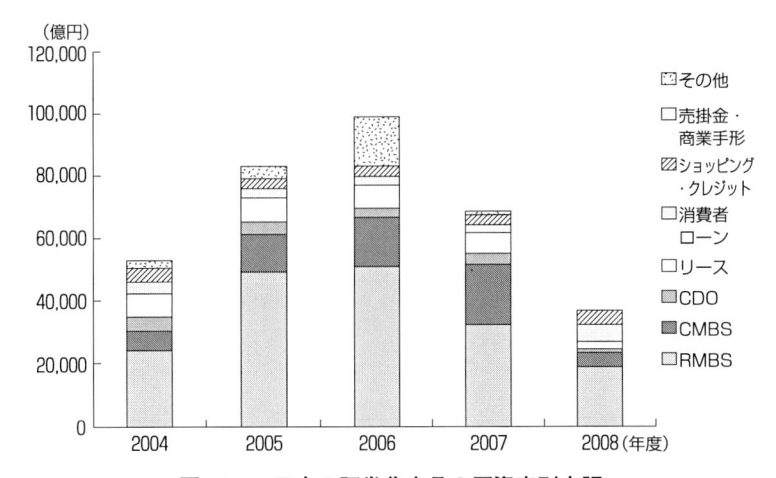

図 11-7　日本の証券化商品の原資産別内訳
(出所)　日本証券業協会「証券化市場 2008 年度の発行動向」より作成.

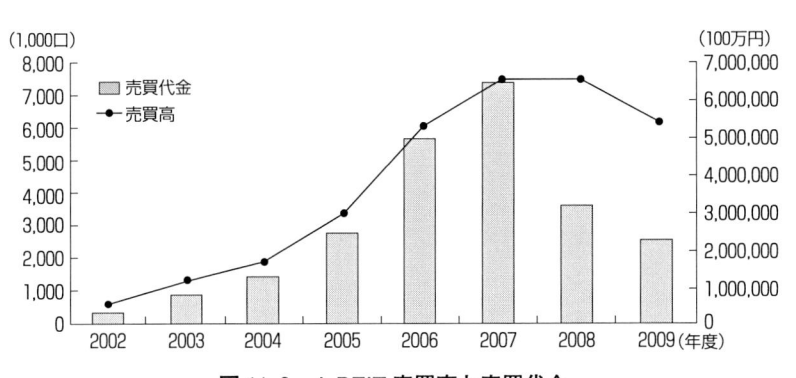

図 11-8　J-REIT 売買高と売買代金
(出所)　東京証券取引所　売買高・売買代金統計「ETF・REIT」より作成.

一方,日本の証券化商品市場の規模は,特に発行金額の面からみれば,2006年度までは拡大していたが,2007年半ばに生じたサブプライム・ローン問題の影響により,金額・件数ともに減少傾向に転じた.しかし2009年上半期には,件数は減少するも,金額の面では回復しつつある(図11-6).

また日本の証券化商品の原資産の内訳としては,アメリカと同様に住宅ロー

ンの証券化がもっとも多い．ついで商業用不動産，リース債権の証券化などが挙げられる（図11-7）．

一方，J-REIT市場も，他の証券化商品市場と同じく，2006年度から2007年度までは順調に増加傾向にあったが，サブプライム・ローン問題からくる市場の冷え込みにより，その後売買高，売買代金ともに減少している（図11-8）．

3 証券化にともなうリスクと信用補完

証券化商品は，キャッシュフローを生み出す資産を原資として組成される金融商品である．証券化する原資産には，様々な資産があるため，証券化に伴うリスクも多様である．

MBSを例に挙げて考えてみよう．MBSに付随するリスクには，1つに，住宅ローン借入者が元利金を返済できないリスク，すなわちキャッシュフロー自体が滞る，または途絶えてしまうリスクがある．また2つには，オリジネーターが倒産することによるキャッシュフローへの影響も考えられる．例えばオリジネーターが元利金の返済の管理を行っていると仮定して，そのオリジネーターが倒産すれば，借入者による理由ではなくても，資金が一時的にしろ回収不能に陥る可能性がある．そして3つに，MBSそのものの信用リスクが挙げられる．これはMBSがデフォルトし，投資家に分配金が支払われない，もしくは滞るリスクである[1]．

このように証券化商品には様々なリスクが付随している．そのため，証券化のアレンジにおいては，キャッシュフローを途切れさせないための仕組みや，信用リスクの評価が欠かせない．

先に挙げた第1のリスクに関しては，オリジネーターの信用調査能力にかかっている．例えば住宅ローンを組む際には，借入者の信用を調査し，いくらまでなら返済可能かを分析する必要がある．アメリカではこのような一般個人の信用を分析し，点数化したFICOスコアという商品も存在する[2]．

次に第2のリスクに関しては，オリジネーターとSPVの間にキャッシュフローの回収管理を専門に行うサービサーが入り，「倒産隔離」を図ることで，原資産から生じるキャッシュフローがオリジネーターの倒産によって途切れる，または滞るというリスクから回避する仕組みとなっている．

　そして第3のリスクである証券化商品そのものの信用リスクについては，それを評価する格付会社と，信用を補完する仕組みが存在する．

　格付会社は，原資産から証券化商品が組成される際に，その証券化商品の信用リスクを評価し，格付けを行う．とはいえ，社債や国債の格付けは一般的に，すでに発行される段階の出来上がった債券に対する信用評価であるのに対して，証券化商品の格付けは証券化商品が組成される段階，すなわち仕組みの段階から，目標とする格を想定しつつ格付けにあわせるような組成が行われる．ではその仕組みとは，どのようなものか．それが信用補完である．

　信用補完には，仕組みそのものに用いられる内部信用補完と，第三者による外部信用補完がある．まず内部信用補完は，キャッシュフロー・エンジニアリングとも呼ばれるように，キャッシュフローを利用して信用をコントロールする仕組みである．もっとも多く用いられる仕組みは，優先劣後構造である．優先劣後構造とは，証券化商品を，優先部分と中間部分，劣後部分などに分けて発行する方法である．前述のCDOで説明した，デット，メザニン，エクイティへのトランシェ分けはまさにこの優先劣後構造にそったものである．優先部分はその他の部分に比べ，キャッシュフローの分配に優先的な権利をもつ．反対に，キャッシュフローが途切れる，または滞る可能性のある，すなわちデフォルトリスクが高い資産による証券化商品は劣後部分に分類されるが，これはすなわち，劣後部分の証券化商品を保有する投資家にリスクを集中的に負担させることにより，優先部分の証券化商品のリスクを低下させ，キャッシュフローの分配の確実性を高める効果を持つ．このように，原資産のプールから，信用リスクが段階的に異なる証券を発行する仕組みが，優先劣後構造による証券化商品の発行であり，内部信用補完の仕組みである．

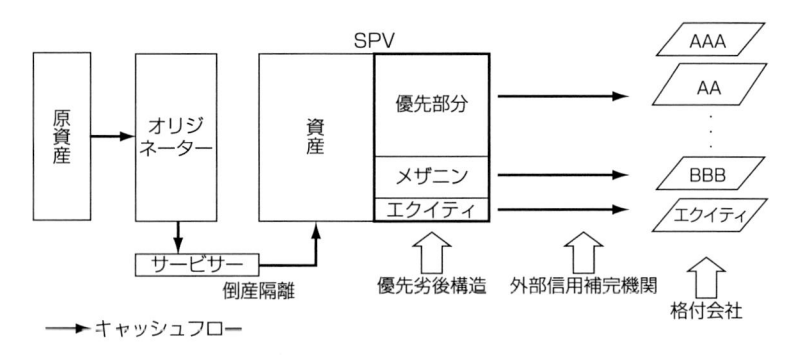

図 11-9　証券化における信用補完と格付け

　また外部信用補完には，銀行や保険会社などの保証が挙げられる．1つはオリジネーターがあらかじめ一定の現金を銀行に預金しておくことで，デフォルトによるキャッシュフロー不足への担保とする「キャッシュ・コラテラル」が挙げられる．また証券化商品のキャッシュフロー不足を保険会社が全額保証する「フルラップ型保証」や，保証が必要な部分にのみ銀行や保険会社が保証を行う「部分型保証」などが挙げられる．いずれも，キャッシュフローを利用して信用をコントロールするのではなく，外部から信用を補完する形であり，クレジット・エンジニアリングとも呼ばれている（図 11-9）．

4　サブプライム・ローン問題にみる課題

　2007年半ばから生じたサブプライム・ローン問題は，サブプライム・ローン証券化商品の多数の格下げやデフォルトによる市場の混乱を引き金に，世界金融不安を引き起こした．ここでは，サブプライム・ローン問題を掘り起こすことによって，証券化商品に共通する課題を検討したい．
　まずサブプライム・ローン証券化商品とは何かを概観しよう．サブプライム・ローンとは，FICO スコアが低い，いわゆるサブプライム層とよばれる低信用者向け住宅ローンである．FICO スコアの高低と所得の高低は，一概に同

一であるとは言えないが，多くの場合 FICO スコアが低いサブプライム層は低所得者が多く，それゆえ返済への不安が他のローン借入者に比べて大きい．したがって通常は借入れが制限されるはずである．しかし当時のアメリカは低金利政策をとっていたため，ローン金利も低く抑えられていたこと，また，貸し出しの担保となる住宅物件の価格が上昇を続けていたことが，サブプライム・ローンの増加に拍車をかけた．さらに，一定期間ローン金利を低く固定し，数年後に変動金利に切り替わり金利が上昇する「ハイブリッド ARM」などの新しい住宅ローン商品が多く開発され，これを利用して，金利が上昇する前に金利の低い他の住宅ローンに借換えを行い，これを続けて返済額を抑える手法が普及したため，サブプライム・ローンは爆発的に拡大した．

　増加したサブプライム・ローン債権は，住宅ローン業者から投資銀行へ譲渡された．そして投資銀行はこれらのローンを他の資産とプールし，優先劣後構造のトランシェ分けや「モノライン」とよばれる信用保証会社の信用補完を行うことにより，サブプライム・ローン関連証券化商品として組成し，投資家に販売した．これが，サブプライム・ローンの証券化である．サブプライム・ローン関連証券化商品は，世界中の投資家に販売された．

　しかし状況は一変する．きっかけは，住宅価格の下落と金利上昇である．サブプライム・ローンの借入者は，当初の数年は低い固定金利のローン契約を組み，価格が上昇している住宅を担保に，借換えを繰り返すことにより返済額を抑えてきた．しかし住宅価格が下落し始めると，新たな借換えができなくなる．なぜなら，そもそも借入者本人の信用リスクが高いため，借換えには担保物件の価値が重視されるが，その担保自体の価格が下落し始めたからである．したがって，新たな借換えができなくなると，当初組んでいたサブプライム・ローンを返済していかなくてはならないが，ここでネックになるのが固定金利期間満了後の変動金利への移行である．一定期間は固定で抑えられてきた金利は，数年（多くは 2–3 年）後に変動金利へと移行する．その際には 2–5％，さらに金利が上昇する場合もあり，返済負担は激増した．こうして支払い不能に陥っ

た借入者の返済は滞り，担保である住宅が差し押さえられる件数も増加した．とはいえ，当初の担保査定金額に比べ住宅価格は下落しているため，キャッシュフロー不足を補うために住宅を売却しても，当初の金額では売却できず，多くの損失を被ることとなる．こうして，サブプライム・ローン市場は破綻した．

このようなサブプライム・ローンの焦げ付き増加に伴い，投資銀行へのキャッシュフローは減少していく．その影響はサブプライム・ローンを組み込んだ証券化商品の信用を大幅に低下させることとなった．サブプライム・ローン関連証券化商品の市場価格は大幅に下落し，当初高かった格付けは相次いで格下げされた．連続した格下げが目に見える契機となって，証券化市場全体に混乱が波及し，これらサブプライム・ローン関連証券化商品に投資していたファンドや金融機関などの投資家らも大きな損害を被った．これが，サブプライム・ローン問題からくる金融不況の発端である．

このサブプライム・ローン問題から浮かび上がる，証券化商品とその市場に特有の問題とは何か？　それは，リスク評価の難しさ，である．もちろんサブプライム・ローンの場合には，悪質な住宅ローン業者がリスクを厳密に評価せずにローン契約を進めたという事例や，最終的には投資銀行がローンを買い取るために，評価が甘くなったという背景もある．[3] しかし，原資産のリスクを特定しキャッシュフローを確保することは，証券化商品を組成する上で基本である．これまでは様々な原資産を組み合わせることでリスク分散が行われたが，それを優先劣後構造にトランシェ分けすれば，おのずとエクイティ部分のリスクは高くなる．したがって，リスク分散可能であるからと仕組みに甘んじることなく，原資産のリスクの評価を徹底することは重要な点である．

また，リスク評価の外部機関として，格付会社の責任も問われている．もちろん格付けは，証券化商品自体のリスクを評価し公表しているが，例えばその格付けはどのような方法で評価されているのか，また使用している情報の非対称性はどの程度か，などの市場制度的問題もはらんでいると考えられる．

以上のように，リスク評価とそれを助ける市場の制度整備，これが証券化商

品市場の今後の課題である．とはいえ，証券化商品自体が「悪」なのではない．この便利な金融技術をどのように使うのかは，利用する私たちにかかっている．

注
1）これら以外にも，MBSの価格変動リスクや，MBSの市場が縮小し流動性が低くなるリスクなども考えられるが，これらは証券化に特有のリスクというよりも，有価証券全般に共通したリスクであるため，この章では特に取り上げない．1つ挙げるならば，市場においては投資家の自己責任原則が問われる一方で，証券化商品の情報開示が他の有価証券取引と同様に重要である．
2）アメリカのフェア・アイザック（Fair Issac）社は，個人の信用を分析し点数化した「FICO（ファイコ）スコア」を提供している．FICOスコアはしばしば住宅ローンの貸出審査に利用され，その点数の高さに応じて，ローンの種類や金利負担が異なってくる．例えばサブプライム・ローンは，サブプライム層と判断されるFICOスコア660-620点以下の者に貸し付けられるローンであり，FICOスコアがこれよりも高い優良（プライム）層へのプライムローンより金利が高い．
3）例えばNINJAローンとよばれる商品が存在した．これは"No Income, No Job and Asset"の頭文字をとったものであり，借入者の収入や職業，借入履歴などの信用審査がなされずにローン契約が可能な商品であった．

参考文献
池尾和人・池田信夫『なぜ世界は不況に陥ったのか集中講義・金融危機と経済学』日経BP社，2009年．
井出保夫『最新・証券化のしくみ』日本実業出版社，2007年．
江川由紀雄『サブプライム問題の教訓――証券化と格付けの精神』商事法務，2007年．
大垣尚司『ストラクチャードファイナンス入門』日本経済新聞出版社，2008年．
大橋和彦『証券化の知識』日本経済新聞出版社（日経文庫），2001年，2010年．
岡内幸策『証券化入門』日本経済新聞出版社，2007年．
倉橋透・小林正宏『サブプライム問題の正しい考え方』中央公論新社（中公新書），2008年．
広瀬義州・桜井久勝『知的財産の証券化』日本経済新聞出版社，2003年．
東京証券取引所，売買高・売買代金統計「ETF・REIT」2010年．
日本証券業協会『証券化市場の動向調査』「2008年度の発行金額」2009年．

日本証券業協会・全国銀行協会『証券化市場の動向調査』「2009 年度上半期の発行動向」2009 年.

Securities Industry and Financial Markets Association (SIFMA), Research and Statistics, "Structured Finance" (http://www.sifma.org/research/research.aspx?ID = 10806).

第12章 市場仲介者

1 仲介者の機能

(1) 証券会社の機能と役割

　証券市場は，資金調達のために最終的借手（国，企業等の発行体）が新たに発行する株式などの本源的証券を最終的貸手（投資家）が直接取得する「発行市場」(Primary Market) と，投資家に取得されて既発行となった証券が転々と売買される「流通市場」(Secondary Market) に分類されるが，発行・流通の両市場において，証券の需要と供給を結びつけることを営業とする専門的な仲介機関として機能を発揮しているのが証券会社である．

　すなわち証券会社は，発行市場においては，多数の貸手の潜在的な資金供給を最終的借手の発行する本源的証券に対する需要として顕在化させ，貸手の資金需要を充足させる役割を果たしている．言い換えれば，最終的貸手と最終的借手の間に証券会社が介在することで，資金の貸手・借手の双方が取引に必要な情報を自身が収集・分析し，自ら見つけ出した取引相手と条件交渉して取引を成立させる場合よりも，低コストで市場に参加することを可能とし，資金需給の円滑化を実現しているわけである．また，流通市場において，証券会社は貸手の本源的証券の転売にかかわり，市場における潜在的な取引機会を顕在化し，本源的証券に流動性を付与している．

　このように証券会社は，国，企業等の資金調達の場であるとともに，国民の資産運用の場として，市場メカニズムにより資金の効率的配分を行う機能を持

つ証券市場において，市場仲介者として発行・流通両市場の機能を適正かつ円滑にすすめることにより，投資家の市場参加を促進するとともに，企業等の資金調達等に貢献するなど，高い公共性を担っている．このため，市場仲介者たる証券会社に対してはその重要な役割として，①市場仲介機能の効率的かつ安定的な発揮，②投資家および発行体の不公正取引等に対するチェック機能を適切に果たすことが求められている[1]．

（2） 証券業の規制体系

証券会社は，それぞれの国の金融・資本市場の発展過程や法制のあり方と深くかかわりあって性格づけられているため，証券業の担い手は国によって異なっている．英国や米国では証券業を専門とする多様な証券会社が存在しているが，ドイツなどの欧州大陸諸国では，証券会社という専門的な業者は存在せず，銀行が証券業を兼営するユニバーサルバンク（Universal Bank）の形態を採るのが一般的である．

日本では，1948年に制定された証券取引法により，金融機関の証券業務は一部の例外を除いて禁止され，証券業は登録制が採用されていた．しかし，1965年の証券不況を契機に，証券業の経営基盤を強化し投資家保護と証券業者の社会的信用を向上させるため，1968年業務別免許制に移行し，原則として兼業が禁止されることとなった．ところが，免許制の下では外資系証券と銀行の業態別子会社を除き証券業への参入は皆無であった．そこで，1998年12月金融システム改革法（いわゆる日本版ビッグバン）において，意欲と能力のある者への証券業への参入を容易にすることにより市場メカニズムに基づく競争を促進し，市場の効率化と仲介サービスの向上を図ることを目的として，日本の証券業は再び登録制に移行し，必要最低限の資格と業務水準の維持は要求するものの，いかなる者も法定要件を満たせば登録拒否事由に抵触しない限り，証券業を営むことが可能となった．

また，日本版ビッグバンでは，有価証券店頭デリバティブ業務およびPTS

表 12-1　金融商品取引業の概要

<table>
<tr><th colspan="2">業種及び主な業務内容</th><th>改正前の業規制</th></tr>
<tr><td rowspan="5">金融商品取引業（登録制）</td><td>第一種金融商品取引業⇒証券会社など
• 流動性の高い有価証券の販売・勧誘
• 店頭デリバティブ取引
• 有価証券の引受
• PTS（私設取引システム）運営業務［認可業務］
• 有価証券等管理業務</td><td rowspan="2">証券業（原則登録制）
金融先物取引業（登録制）
商品投資販売業（許可制）
信託受益権販売業（登録制）</td></tr>
<tr><td>第二種金融商品取引業⇒金融先物取引業者など
• 集団投資スキーム持分等の自己募集
• 流動性の低い有価証券の販売・勧誘
• 有価証券関連以外の市場デリバティブ取引</td></tr>
<tr><td>投資助言・代理業⇒投資顧問業者（助言）など
• 投資助言業務
• 投資顧問契約・投資一任契約の締結の代理・媒介</td><td>投資顧問業（登録制）</td></tr>
<tr><td>投資運用業⇒投資信託委託業者，投資顧問業者（一任）など
• 投資一任契約業務
• 投資信託等の運用
• 集団投資スキーム財産の自己運用</td><td>投資一任契約業務（認可制）
投資信託委託業（認可制）
投資法人資産運用業（認可制）</td></tr>
<tr><td>金融商品仲介業（登録制）</td><td>証券仲介業（登録制）</td></tr>
</table>

（出所）金融庁公表資料等により作成.

(Proprietary Trading System：私設取引システム）運営業務が新たに証券業として追加されるとともに，証券会社が顧客に対して多様で価値のある商品，サービスの提供を行いうるよう，証券業の専業義務は廃止された.

さらに，2007年9月，証券取引法，金融先物取引法，証券投資顧問業法等が統合された金融商品取引法の施行により，**表 12-1** のとおり，従来の証券業，金融先物取引業，投資信託委託業，投資顧問業等は「金融商品取引業」とされ，これらの業を行う証券会社，金融先物取引業者，投資信託委託業者，投資顧問業者等は「金融商品取引業者」として横断的な業規制が課されることとなった．このため，これまで証券業とされてきた業務は第一種金融商品取引業に含められ，証券会社は金融商品取引業者として内閣総理大臣の登録を受けなければならないこととなった.

2　ホールセールとリテール

　証券会社の主な業務には，発行市場における「アンダーライター業務」と，流通市場における「ディーラー業務」および「ブローカー業務」がある．これらの業務は，大企業や機関投資家，政府・公共団体等の大口顧客を対象とした「ホールセール証券ビジネス」と，主として個人顧客を対象とした「リテール証券ビジネス」に大別できる．

(1)　ホールセール証券ビジネス
　ホールセール証券業務の代表的な業務に，アンダーライター業務（引受および売出業務）とディーラー業務（自己売買業務）がある．
　アンダーライター業務とは，証券会社が有価証券の募集・売出または私募に際し，① 有価証券の発行者もしくは所有者からその有価証券の全部又は一部を取得すること（買取引受），② 他にこれを取得する者がない場合にその残部を発行者もしくは所有者から取得すること（残額引受）をいう．いずれの場合も引受証券会社は，発行される有価証券の売残りなどの発行リスクを負担し，有価証券の発行を確実にする機能を果たしている．引受証券会社は発行リスクを分散するため引受シンジケート（Syndicate）を組織するのが一般的であり，シンジケートを代表して発行体との引受契約の交渉等を行う証券会社は主幹事証券会社と呼ばれている．なお，広義のアンダーライター業務としてセリング業務がある．これは，有価証券の募集または売出の取扱い，すなわち分売業務として単に売捌きを行うのみで，その有価証券について売残りが生じても残額引受の責任を負わない点が，引受および売出業務と異なっている．
　また，ディーラー業務とは，証券会社が自己の計算において，顧客または他の証券会社から有価証券を買い，またはこれらに対して自己の所有する有価証券を売却することをいう．ディーラー業務は，有価証券の売買が一方に偏向し

表 12-2 証券会社（第一種金融商品取引業者）の付随業務・届出業務

業務の種類	業務の内容
付随業務 （金商法 35 条 1 項）	① 有価証券の貸借またはその媒介・代理 ② 信用取引に付随する金銭の貸付 ③ 顧客からの保護預り有価証券を担保とする金銭の貸付 ④ 有価証券に関する顧客の代理 ⑤ 投資信託の収益金・償還金・解約金の支払にかかる業務の代理 ⑥ 投資法人の投資証券の配当金・払戻金・残余財産の分配にかかる業務の代理 ⑦ 累積投資契約の締結 ⑧ 有価証券に関連する情報の提供・助言 ⑨ 他の金融商品取引業者等の業務の代理 ⑩ 登録投資法人の資産の保管 ⑪ 他の事業者の事業の譲渡・合併・会社分割・株式交換・株式移転に関する相談，仲介 ⑫ 他の事業者の経営に関する相談 ⑬ 通貨その他のデリバティブ取引に関連する資産の売買，その媒介・取次・代理 ⑭ 譲渡性預金その他の金銭債権の売買，その媒介・取次・代理 ⑮ 投信法に規定する特定資産に対する投資として運用財産の運用を行うこと
届出業務 （金商法 35 条 2 項）	① 商品取引所取引業務 ② 商品デリバティブ取引 ③ 貸金業その他金銭の貸付，金銭の貸借の媒介 ④ 宅地建物取引業，宅地建物の賃貸業務 ⑤ 不動産特定共同事業 ⑥ 商品の現物またはデリバティブにより他人のため金銭その他の財産の運用を行う業務 ⑦ 有価証券またはデリバティブ取引にかかる権利以外の資産に対する投資として，運用財産の運用を行う業務 ⑧ その他内閣府令で定める業務（金融商品取引業等に関する内閣府令 68 条） 　金地金の売買またはその媒介・取次・代理，組合契約の締結またはその媒介・取次・代理，匿名組合契約の締結またはその媒介・取次・代理，貸出参加契約の締結またはその媒介・取次・代理，保険募集にかかる業務，自ら保有する不動産の賃貸にかかる業務，物品賃貸業，他の事業者の業務に関する電子計算機のプログラムの作成または販売，計算受託業務，確定拠出年金運営管理業，信託契約代理業，遺言信託業務にかかる契約の媒介，金融機関代理業，不動産の管理業務，不動産にかかる投資に関し助言を行う業務，排出権の取引・同デリバティブ取引およびその媒介・取次・代理，投資法人・SPC（特別目的会社）から委託を受けて行う機関運営事務，有価証券またはデリバティブ取引にかかる権利以外の資産に対する投資として他人のため金銭その他の財産の運用を行う業務，債務保証業務・債務保証の媒介・債務履行引受契約に関する業務，顧客に対して他の事業者のあっせん，紹介を行う業務，他の事業者の業務に関する広告・宣伝を行う業務

たり，株価変動が拡大するなど投機化の助長にもなりかねないが，投資家の注文がうまく出合わない需給不均衡のときに証券会社の自己売買が入ることによって流動性や価格の継続性が維持されることから，市場調整という重要な経済的機能を担っている．証券会社のディーラーとしての活動は，いわば市場の潤滑油として売買の円滑な遂行に必要不可欠である．

　日本版ビッグバンにより証券会社の業務範囲は拡大したが，近年，企業等の資金調達手法や資産運用ニーズが多様化・高度化する中で，ホールセール証券ビジネスは伝統的なアンダーライター業務から，**表12-2**のとおり，「有価証券に関連する情報の提供・助言」，「他の事業者の事業の譲渡・合併・会社分割・株式交換・株式移転に関する相談，仲介」，「他の事業者の経営に関する相談」，「組合契約，匿名組合の締結等」，「金銭債権の売買等」など新たな分野に広がりをみせている．

（2）　リテール証券ビジネス

　一方，リテール証券ビジネスの中心的業務は，ブローカー業務（委託売買業務）である．ブローカー業務とは，顧客の計算において行う有価証券の売買の媒介，取次などの業務をいう．媒介とは，他人間の有価証券の売買が成立するために斡旋を行うことで，証券会社は名義上も計算上も売買の当事者とはならない．売買の取次とは，証券会社が自己の名義をもって委託者である顧客の計算で有価証券の売買を執行することで，売買取引による損益は顧客に帰属し，取次を受けた証券会社は，顧客から一定の手数料を受取るものである．

　この売買の取次ぎが本来のブローカー業務であり，特に株式ブローカー業務から得られる株式売買委託手数料収入は，リテール証券ビジネスを展開する証券会社の重要な収益源となっている．とりわけ1998年までの業務別免許制の下では，規模の大小にかかわらず証券会社は固定手数料制に基づくブローカー業務を中心に据え，委託手数料収入に大きく依存していた．

　ブローカー業務は，リサーチ（調査），投資アドバイス，受注・執行，清算・

保管等証券会社が提供する一連のサービス機能から構成されるが，これらの機能は固定手数料制の下では1つのパッケージとして認識され，個々の機能が評価されることはない．しかしながら，手数料が自由化されると，手数料が証券会社の提供するサービスに対する対価である以上，そのサービス内容により価格は変動し，それらの質によって異なるのは当然ということになる．つまり，投資家サイドにおいては受取るサービスから生ずる効果により，費用としての手数料を評価することになり，その結果，それぞれの機能が分解（Unbundling）されることになる．

　米国では，1975年5月の手数料自由化（メーデー）以降，ブローカー業務を構成する個々のサービス機能についてプライシングが行われるとともに，これまでパッケージとして提供されてきたサービスの一部を省略し，一部の機能に特化する代わりに割安な手数料を提示するディスカウント・ブローカーが現れ，全般的な手数料水準の低下を招いた．一方，従来型の証券会社は伝統的な証券業務からの収益低下を補うため，業務の多角化や販売チャネルの多様化等を図っていった．

　日本においても，1999年10月の株式売買委託手数料の完全自由化やIT（情報技術）化の進展等を背景に，インターネット等を利用して徹底的な手数料引下げを行う証券会社のシェアが拡大する一方で，対面営業を展開する証券会社においては，安定的な手数料収入を確保するため，資産運用サービスの提供や投資信託販売の強化といった資産管理型営業への取組みを推進している．また，銀行による投資信託の販売（投信窓販）や証券会社との共同店舗の解禁，証券仲介制度（現金融商品仲介業制度）の導入等により証券販売チャネルが多様化するなど，リテール証券ビジネスを取り巻く環境は大きく変化している．[2]

3　インターネット証券

　日本版ビッグバン以降，リテール分野におけるビジネスモデルの1つとして

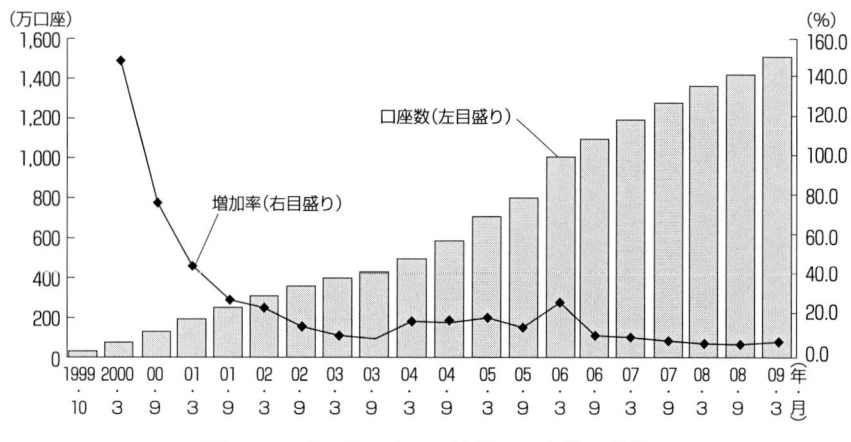

図 12-1　インターネット取引の口座数の推移
（出所）日本証券業協会.

　定着したのが，インターネットを利用し低価格のサービスを行うインターネット証券である．

　日本証券業協会が実施している「インターネット取引に関する調査結果」によれば，**図 12-1** のとおり，インターネット取引の口座数は 1999 年 10 月末の約 3 万口座から 2009 年 3 月末には 1501 万口座にまで増加している．また，インターネットを経由した株式現金取引および信用取引の売買代金は，1999 年度下期（1999 年 10 月 - 2000 年 3 月）の 4 兆 5336 億円から 2008 年度下期（2008 年 10 月 - 2009 年 3 月）には 73 兆 1268 億円（上場型投資信託および不動産投資信託等を含む）に膨らむなど，株式売買委託手数料の自由化以降，インターネットを経由した株式取引が拡大し，こうした中で，インターネット専業証券 5 社をはじめとするインターネット取引に特化したインターネット証券が急成長した[3]．

　インターネット取引の拡大は，個人投資家の裾野を広げ，デイトレーダーと呼ばれる短期売買志向の強い投資家など新たな投資家層の参入を促進した．その過程において，インターネット証券による新規顧客の獲得を目的とした手数料の引下げ競争が行われたことにより，株式売買委託手数料率の大幅な低下が

進展し，2009年3月期の東京証券取引所における委託手数料率（株券現物委託手数料を受託売買代金で除して算出）は0.07％と，委託手数料の完全自由化前の1/5の水準まで落ち込んでいる．

インターネット証券は，システム投資に注力し低い手数料と信用取引における信用供与で短期売買資金を誘引する薄利多売型ビジネスモデルである[4]．このため，営業収益は株式ブローカー業務に偏重し，株券売買委託手数料収入と信用取引貸付金からの受取利息に大きく依存している．そこで，営業収益の一層の拡大及び安定収益源の確保の観点から，先物取引，オプション取引，外国為替証拠金取引，証券CFD取引[5]等デイトレーダーのニーズに即した取引の充実を図ったり，株式夜間取引の開始，投資信託や債券の販売，投資家教育への取組みなど新たなビジネス・チャンスを求めた動きがみられる．

米国では，ITバブルが崩壊した2000年以降，安価な手数料よりも良質のアドバイスを求める傾向が強まり，個人投資家はインターネット取引を通じた短期売買から長期的な資産運用に回帰した．こうした中でインターネット証券は再編を繰り返し，その結果，銀行業務への進出，資産管理型営業への転換などその業容を大きく変化させ，いわゆるインターネット専業証券は姿を消した．日本においては，ITバブル崩壊後も個人投資家によるインターネット取引は拡大し，現在もインターネット証券は激しい手数料引下げ競争を展開している．しかしながら，口座数の増加率は鈍化する傾向を示しており，米国におけるインターネット証券の変遷は，日本における今後のビジネスモデルの変革に示唆を与えるものとなろう．

4　投資銀行業務

ホールセール証券ビジネスの中核業務が「投資銀行業務」(Investment banking)である．投資銀行業務について明確な定義はないが，一般的に投資銀行業務と総称される業務には，伝統的な証券業務であるアンダーライター業務のほか，

M＆A（企業のMergers（合併）＆ Acquisition（買収））の仲介，財務戦略の助言，プリンシパル投資（自己資金による直接投資），証券化関連業務，各種ファンド・SPC（特別目的会社）等の組成等がある．こうした投資銀行業務は，企業の資金調達や組織改変にかかわり，証券市場の資金とリスクを効率的に配分する機能を担っている．

　日本でも，2006年のライブドア事件や村上ファンド事件で株式の持つ支配証券の側面が一躍脚光を浴びた．M＆Aは，広義には，株式の持ち合いや合弁会社の設立などを含めた，資本の移動をともなう提携を指しているが，狭義には，合併と買収を意味する．M＆Aを行うメリットとしては，買い手から見ると，新分野進出，事業の多角化，既存事業の規模拡大，事業内容の補完やシナジー効果等があげられ，売り手側から見ると，企業体質の強化，後継者対策・企業存続等があげられる．

　近年，純粋持株会社の解禁，株式交換・株式移転制度の創設，会社分割法制の創設，いわゆる三角合併の解禁など企業組織関連法制が整備されるとともに，資産流動化・証券化等による企業の資金調達手段が多様化したことから，投資銀行業務の収益機会は拡大している．こうした中で大手証券等では，銀行や外資との業務提携，持株会社化・分社化，合併・買収等の組織再編を通じて，投資銀行業務への取組みを強化する動きが顕著となり競争は激化している．

　米国においては，アンダーライター業務を専門に担う証券会社は投資銀行と呼ばれ，発展を遂げてきた．投資銀行は19世紀から鉄道の建設資金のため，ヨーロッパからの外資導入を行う際の仲介機関として活動したが，当時，証券発行・引受に関する業務には，商業銀行の一部，個人銀行，証券業者，生命保険会社，信託会社が従事していた．しかし，大恐慌後の1933年に制定されたグラス・スティーガル法により銀行業と証券業が分離され，以降は証券業務を選択した投資銀行が中心となって専業のアンダーライター業務を営むこととなった．

　1980年代以降，産業構造の変化，銀証分離規制の緩和等を背景とした競争環

境の変化により，伝統的なアンダーライター業務からの収益が低下した投資銀行は，ディーリング，M＆A，証券化，プライベート・エクイティ等の分野に業務を拡大した．特に近年，より高い収益性を求めて，証券化商品の組成・販売，証券化商品への自己勘定投資，プライベート・エクイティ・ファンドに対するLBO（Leveraged Buyout）[6]向けの買収資金のファイナンスなど，自己資本を投下した高レバレッジの投資に傾斜し収益を拡大させてきた．

しかし，2007年夏以降顕在化したサブプライム・ローン問題に端を発した証券化商品市場の混乱により，自己勘定でのトレーディング業務において巨額な損失を被った大手投資銀行は相次いで経営危機に陥った．その結果，リーマン・ブラザース（全米4位）は経営破綻，ゴールドマン・サックス（同1位），モルガン・スタンレー（同2位）は銀行持株会社化，ベア・スターンズ（同5位），メリルリンチ（同3位）は商業銀行に救済買収された．これにより独立の業態としての大手投資銀行は消滅し，投資銀行の成長を支えたビジネスモデルは大きな転機を迎えている．

5　証券会社経営の課題

(1)　証券会社の収益構造の変化とビジネスモデルの多様化

米国では1975年5月の手数料自由化を契機として証券会社の収益構造は変化し，業務の多角化や得意分野への特化の動きが顕著となったが，日本においても手数料自由化をはじめとする金融システム改革の進展は，証券会社の業務や収益構造に多大な影響を与えている．証券会社の収益に占める委託手数料（ブローカー業務）の構成比は，**表12-3**のとおり，株式市況の低迷もあって1994年3月期の45.3％から2009年3月期には18.5％へと大幅に減少した．一方，業務・取扱商品の多様化等により，その他受入手数料（付随業務，兼業業務）[7]の構成比は12.9％から27.3％にまで増加し，証券会社は株式ブローカー業務に依存した収益構造から大きく転換している．

表 12-3　証券会社の収益構成比の推移　(単位：%)

	1994年3月期	1999年3月期	2004年3月期	2009年3月期
収益合計＝100%				
委託手数料	45.3	28.0	26.8	18.5
引受・売出手数料	5.2	6.3	6.0	2.8
募集取扱手数料	8.5	9.1	6.2	6.8
その他受入手数料	12.9	17.6	22.7	27.3
金融収益*	14.8	17.0	11.1	26.5
トレーディング損益*	12.0	21.3	26.3	13.4
営業外収益*	1.3	0.7	0.7	3.1

(注) 1. 各年とも3月末時点で営業を行っていないものを除く.
　　 2. ＊印のある科目は2002年3月期より証券会社の経理基準の大幅な改正が行われたため，2001年3月期以前のデータとではデータの連続性はない.
(出所) 日本証券業協会.

　日本でも，経営資源の豊富な大手証券や銀行系証券においては，業務の多角化を図るため，投資銀行業務を中核とするホールセール証券ビジネスを強化する一方，リテール証券ビジネスでは，収益基盤を注文ベースのコミッションではなく資産ベースからあがるフィーに置いた資産管理型営業を展開し，SMA (Separately Managed Account：ラップ口座，詳細は「第13章 資産管理業務」参照) やファンドラップ，ローンビジネスなど新しい商品・サービスを提供している．また，中規模以下の証券会社では，新たな収益源を確保するため，SMA，各種ファンドの販売のほか，商品先物取引といった証券業以外の分野に業務範囲を広げたり，ディーリング業務に特化するなど自社の能力を最大限に発揮しうる特定の分野に対して限られた経営資源を集中する特化戦略を指向している．

　さらに，日本版ビッグバンにおける証券業への参入規制の緩和により，**表 12-4**のとおり，1997年以降，他業態・異業種等からの新規参入や既存証券会社の統廃合など証券業への参入・退出の動きが顕著となった．新規参入業者の多くはフルサービスを行う従来型の証券会社ではなく，投資信託，各種ファンド，証券化商品，デリバティブ，インターネット取引等特定の商品やサービスに特化しており，証券会社のビジネスモデルは多様化が進展している．

表 12-4　日本証券業協会会員数の推移

(単位：社)

年	新規加入	脱退	増減	会員数（年度末）
1997	13	8	5	293
1998	25	30	▲5	288
1999	34	26	8	296
2000	23	26	▲3	293
2001	19	22	▲3	290
2002	18	27	▲9	281
2003	8	23	▲15	266
2004	7	6	1	267
2005	30	8	22	289
2006	33	14	19	308
2007	22	13	9	317
2008	25	21	4	321

(出所) 日本証券業協会.

（2） 証券販売チャネルの拡大

　日本版ビッグバンは証券会社を取り巻く競争環境を大きく変化させ，個人投資家の裾野が広がり証券市場を中核としたマネーフロー構造への変化を促進し，多くの投資家が自らの判断に基づきリスクを負担することになった．しかしながら，それによって新興企業等への円滑な資金供給を可能とするという当初の理念は必ずしも達成できなかったといえる．このため，個人が多様な魅力ある商品・サービスにアクセスしやすい環境を整備すべきという議論が高まることとなった．

　こうした中で，2002年8月金融庁は「証券市場の改革促進プログラム」を公表し，銀行本体による証券会社との共同店舗規制の緩和，銀行による有価証券の書面取次ぎ業務の範囲の明確化等による証券販売チャネル機能の拡充が図られた．また，2004年4月には，投資家の市場アクセスの拡充を図るため，金融商品仲介業制度（詳細は「第13章 資産管理業務」参照）が導入された．金融商品仲介業務とは，証券会社の委託を受けて，その証券会社のために，有価証券の売買や募集・売出しの取扱いを行う業務であり，金融商品仲介業者は自ら顧客口

座を有さず，また証券取引の契約当事者とはならないこととされ，所属証券会社を代理して契約を締結する権限（代理権）がない，いわゆる媒介代理商と位置づけられている．金融商品仲介業は個人，法人を問わず営むことができ，2009年3月末現在，553件の金融仲介業者が登録されており，この中には郵便局，FP（ファイナンシャル・プランナー，詳細は「第13章 資産管理業務」参照），会計事務所のほか，自動車ディーラー，インターネット検索エンジンの運営会社といった業態も含まれている．

さらに2004年12月には，銀行による金融商品仲介業務が解禁され，証券販売チャネルは飛躍的に拡大した．また，これにより銀行は，銀行本体（国債，投資信託），証券会社との共同店舗，金融商品仲介業務という3つの証券販売ルートを持つこととなり，金融のワンストップ・ショッピングが進展し，利用者利便はさらに高まることとなった．

こうした証券販売チャネルの拡大により証券会社の競争環境は大きく変化しているが，米国では，全米に1万店を超える「一人店舗」を展開し地域密着型営業を推進するEDジョーンズや，IC（インディペンデント・コントラクター）と呼ばれる社外の営業員を活用するLPL，レイモンド・ジェームズなど[8]，販売チャネルの多様化戦略により成長を遂げているユニークな証券会社が存在している．日本においても，一部の証券会社に金融商品仲介業制度を活用しリテール証券ビジネスの強化を図る動きがみられており，証券販売チャネルの拡大は，証券会社にとって新しい販売チャネルの担い手との競争に一層の厳しさをもたらす一方で，新たなビジネス・チャンスの獲得にもつながっている．

注

1）金融庁「証券会社の市場仲介機能等に関する懇談会 論点整理」2006年6月30日．
2）資産管理型営業とは，顧客の資産の全般的な相談，年齢や家族構成，保有資産の中身や年収などの顧客属性に応じて顧客に適した資産運用の提案，具体的には顧客ごとにモデルポートフォリオを作成し，それに適した商品をすすめて見返りにフィーを得る営業形態をいう．

3）SBI証券，楽天証券，松井証券，カブドットコム証券，マネックス証券の5社．
4）二上季代司「今後の証券業」『証研レポート』1626号，日本証券経済研究所，2004年10月．
5）証券CFD取引（Contract For Difference）とは，少額の証拠金を預託し，有価証券や有価証券指数などを対象資産として取引する差金決済取引をいう．
6）企業買収の手法の1つで，買収の対象である企業の資産や将来キャッシュフロー等を担保に資金を借入れ，企業を買収する手法である．借入で必要資金を賄うことによるレバレッジ効果が発揮されるため，企業買収の手法の中でも特にハイリスクハイリターンな手法といわれている．
7）その他受入手数料には，ホールセール証券ビジネスにおけるM＆A・財務戦略のアドバイザリー・フィー，各種ファンドの運営管理手数料や，リテール証券ビジネスにおける投資信託委託会社からの信託報酬代行手数料等がある．
8）沼田優子・神山哲也・服部孝洋「チャネル戦略でリテール・ビジネスを強化するレイモンド・ジェームズ」『資本市場クォータリー』秋号，野村資本市場研究所，2009年11月．

参考文献

首藤恵『日本の証券業』東洋経済新報社，1987年．
首藤恵監修・著，日本証券経済研究所編『金融サービス業のガバナンス――規律付けメカニズムの再検討』文唱堂印刷，2009年．
証券経営研究会編『証券ビジネスの再構築』日本証券経済研究所，2005年．
証券経営研究会編『金融システム改革と証券業』日本証券経済研究所，2008年．
杉江雅彦監修，坂下晃編著『証券論15講』晃洋書房，2003年．
日本証券経済研究所編『図説 アメリカの証券市場 2009年版』日本証券経済研究所，2009年．
米沢康博編著『証券市場読本〈第2版〉』東洋経済新報社，2006年．

第13章 資産管理業務

1 貯蓄から投資へ

　日本では1990年代からバブル崩壊，不良債権問題から金融システムの改革が行われてきた．政府は，日本の金融システムをこれまでの「産業金融モデル」[1]だけでなく「市場型金融モデル」[2]に誘導するため，2001年6月の経済財政諮問委員会における骨太の方針で，「貯蓄から投資へ」というスローガンが打ち出され，マネーフロー構造を転換させようと試みている．

　2002年7月の日本型金融システムと行政の将来ビジョン懇談会（金融担当大臣の私的懇話会）の「金融システムと行政の将来ビジョン」では銀行中心の預金・貸出による資金仲介に加え，市場において，成長性は有するものの相対的にリスクが高い事業等への資金供給を適切に行い，幅広くリスクを分配していくという市場型金融にも軸足をおいた「複線的な金融システム」の構築が提言された．ここでは，個人は仲介機関が提供する商品やサービスの内容に差が出てくるので，少しでも高いリターンへのニーズが高まるため，貯蓄から投資への変化を政策的にも後押しする必要があるとしている．

　そして，「産業金融モデル」と「市場型金融モデル」を併存させようとする「複線的な金融システム」に関して，2009年12月の金融審議会金融分科会基本問題懇談会報告では，「複線的な金融システムとは決して市場型金融による偏ったシステムではなく，市場型金融による金融仲介と銀行部門の預金・貸出を通じた金融仲介がバランスのとれた形で機能していくことが重要である」とし

ている．これを実現するには，国民の金融資産の増大や，ニーズに合った金融商品が販売会社から顧客本位の販売により提供されるだけでなく，国民各層に対する金融教育が重要である．

このように日本では戦後から高度経済成長過程における間接金融の優位の時代から，バブル経済を経て，持続的な経済成長に「市場型金融」を重視することになった．しかしながら，日本ではこれまで勤労によって得られるお金は尊いが，ひたいに汗をかかないお金は尊重されないという風土があった．また，「投資」と「投機」の区別すらつかない段階で「ねずみ講」や「まがいものの金融商品」，リスクを知らないままリターンに目を奪われ，「レバレッジの高い金融商品」に手を出す等の金融トラブルに巻き込まれるケースが後を絶たない状況にある．「市場型金融」が成立するためには，「間接金融」偏重の時代のように，リスクは銀行が負担するので国民は金融の知識を特に知らなくても良いという時代から180度転換し，国民が「リスクとリターンについての認識」を持ち，「自己責任原則」で資産運用を運用することが求められることになったといえる．

グローバル化が進展する中では，一国だけ「金融鎖国」状況にとどまることが許されないというのが政府の判断であり，年金などの社会保障の存続が厳しくなってきた今日，「貯蓄から投資へ」とは一人ひとりが資産運用を行い自助努力により国には依存しないという考え方である．「資産運用」は必ずしも富裕層だけのものではなく国民一般に求められているものなのである．

2 個人金融資産の構成

日本の個人金融資産（2009年12月）は，現貯金・信託で55.2%（1998年52%）と半分以上を占めているのに対し，証券は13.1%（株式・出資金6.6%，債券等2.9%，投信3.6%）と，米国の現預金14.3%，証券53.3%（株式・出資金31.6%，債券9.0%，投信12.7%）と全く逆の金融資産保有状況にある．また，企業の資金調

表 13-1　個人部門の金融資産残高の構成比 (年度末)

	1980	1985	1990	1995	2000	2005	2006
現金・預金	9.8	7.7	7.2	8.2	11.6	17.2	17.5
定期性預金	48.7	44.9	40.2	41.9	42.5	33.4	32.7
信　　託	4.5	4.0	3.7	3.4	1.5	0.4	0.3
保険・年金	13.4	16.3	20.8	25.4	27.2	25.8	26.2
投資信託	1.2	2.3	3.4	2.3	2.4	3.6	4.5
有価証券	16.1	19.7	19.6	13.9	9.7	15.1	14.6
（株式）	13.2	16.0	16.9	11.5	7.7	12.9	12.1
（債券等）	2.8	3.7	2.6	2.5	2.0	2.3	2.5
そ の 他	6.3	5.2	5.2	4.9	5.1	4.4	4.2
合 計 額	372.0	626.8	1,017.5	1,256.5	1,389.0	1520.5	1,533.4

(注) 1．構成比の単位は％，合計額の単位は兆円．
　　 2．定期性預金には外貨預金を含む．
　　 3．括弧内は有価証券の内訳．株式には出資金を含む．
　　 4．株式は時価ベース．
(出所)『図説 日本の証券市場 2008 年版』日本証券経済研究所，2008 年，p.9.

達のうち銀行からの借り入れが30％強（1998年度41％，2008年度36％）となっている．

　経済成長が家計の資産増加にとって必要とするなら，企業，産業にリスク性資金を供給する仕組みを整備しなければならない．そのためには個人金融資産が証券市場にアクセスしやすくしなければならない．しかしながら，**表13-1**でもわかるように，日本版金融ビッグバンが行われた1990年代後半からでも個人の金融資産運用における預貯金すなわち間接金融のウェイトは大きくは変化していなく，また，企業の資金調達でも間接金融が主流であることがわかる．

3　金融商品の選択

(1)　資産選択の基準

金融商品は，「安全性（元本や利息の支払いの確実性）」，「収益性（期待される利回

り)」,「流動性 (換金のしやすさ)」の3要素を有しているが,金融商品によってはそれぞれの要素に優劣がある.また,安全性が高ければ収益性は低い,収益性が高ければ安全性は低い,流動性が高ければ収益性は低い,収益性が高ければ流動性は低いというトレードオフの関係がある.

　2008年の金融中央委員会の「家計の金融行動に関する世論調査」では,「安全性」重視が5割弱,「流動性」が3割,「収益性」が2割弱となっており,日本では安全性が重視されていることがわかる.

　① 安全性

　銀行預金や債券は,銀行等金融機関や債券発行者が元本や利息の支払いを保証しているので安全性が高いといえる.ただし,2005年のペイオフ以降は金融機関が破綻した場合は,預金保険機構から預金者1人あたり金融機関ごとに元本1000万円までとその利息が保護されることになり,それを超える部分とその利息および保険対象外の預金とその利息は一部カットされることがある.信用リスク(元利払いリスク)を格付けでチェックすることが必要になってきた(格付けについては「第7章 公社債発行市場」参照).

　価格変動商品は,値下がりや元本を割るリスクがあり,海外の金融商品は外国為替相場の変動によるリスクがある.

　② 収益性

　金融商品の運用により期待される利益が多いか少ないかということで,運用に当たってはできるだけ多くの利益を得るのを期待するが,安全性や流動性を犠牲にするとリスクが高まることにもなる.

　③ 流動性

　金融商品を,必要なときどのぐらい自由に現金に換えられるかということで,金融商品により換金や引出についての条件は異なる.満期やクローズド期間の有無,中途解約可能の是非,換金手続き,などに注意する必要がある.

（2） ファイナンシャル・リスク

　金融商品にはリスクとリターンが伴う．リスクとは不確実性のことを言うが，一般にリスクが低ければリターンも低く（ローリスク・ローリターン），リターンが高ければリスクも高くなる（ハイリスク・ハイリターン）．主なリスクのタイプは次の通りである．

① 価格変動リスク

　相場の変動により，換金する際の受取金額が当初支払った金額より少なく損が発生すること．

② 信用リスク

　預金先の金融機関や，株式・社債の発行体が経営破綻で，元本や利息の支払いが滞ったり，支払い不能が生じること．デフォルト・リスク（債務不履行リスク）ともいう．

③ 流動性リスク

　買いたいものが希望する価格で買えない．反対に，売りたいものが希望する価格で売れないこと．金融商品の市場が整備されていることが重要である．

④ 為替変動リスク

　外貨建て金融商品は，外国為替レートの変動で為替差損益が生ずる．債券の場合，購入時より受取時が円高になると円での手取額が減り，場合によっては利子の受取を越えることもある．

⑤ カントリーリスク

　海外の金融商品を購入した場合，対象とする国の信用リスクに注意をする必要がある．

⑥ 金利変動リスク

　金利の状況は絶えず変動している．債券も償還前に売却する場合には，金利動向の影響を受ける．

（3）リスクを軽減する方法

リスクを軽減する方法として一般的にとられる方法は，次の通りである．

① 資産の分散

資金を１つの金融資産にまとめて投資せず，さまざまな値動きの異なる資産に分散して投資し，リスクを分散する．「１つの籠に卵を盛るな」という諺があるが，これは籠を落とすと全部の卵が割れてしまうので，リスクを避けるためには「卵は幾つかの籠に分けて入れておく」のが良いことになる．資産運用でも分散投資をすればリスクを減らせるというものである．株式，債券等投資対象の資産，日本国内，米国，欧州，BRICs，Vista 等の地域分散，輸出株式・輸入株式等の銘柄分散である（詳細は「第15章 証券投資の理論」参照）．

② 長期保有

市場は，短期間でみると一時的な要因により大きく変動することがあるが，長期間でみるとこの変動リスクが小さくなる傾向がある．

③ 時間の分散

１回に全額を投資するのではなく，何回かに分けて投資する．または，毎月一定額を積み立てる方法で購入時期を分散させることによっても，リスクを小さくすることができる．具体例としてドル・コスト平均法をあげると，毎回一定金額ずつ買い付ける定額購入法で，定期的に一定額を買い付けると，価格が高いときには購入量が少なくなり，低いときには購入量が多くなる．結果として平均取得価格は平準化することになる．

④ 複利運用

長期保有で価格変動リスクを小さくすること，また時間分散では，投資時期をずらすことは投資期間を長期にすることになるが，長期投資の場合に重要なのが「複利」である．「単利」が毎年投資元本に対して利息が付くのに対し，「複利」は投資元本への利息に加えて，それまでに受けた利息についてもさらに利息がつくものである．このように元本に利息が組み入れられて毎年複利計算されていくと，長期になればなるほど元利合計が大きく増えることになる．

表 13-2　複利計算例

期間	1%	3%	5%
5年	105.1	115.9	127.6
10年	110.5	134.4	162.9
15年	116.1	155.8	207.9
20年	122.0	180.6	265.3
25年	128.2	209.4	338.6
30年	134.8	242.7	432.2
35年	141.7	281.4	551.6

(出所) 金融広報中央委員会「金融商品なんでも百科」2008年度版.

具体例を示すと**表13-2**の通りである．

4　資産管理業務

(1)　資産管理営業とは

これまで欧米においては超富裕層といわれる人々の資産運用は，プライベートバンクが担ってきており，資産運用にとどまらず，税金対策，事業継承等幅広くカストマイズ等された業務を行ってきた．2003年の野村総合研究所による推計(「新たな富裕層マーケッティング」『知的資産創造』2004年8月号)では日本では5億円以上の純金融資産保有層は6万世帯 (38兆円)，1億円以上は72万世帯 (125兆円) となっており，また，メリルリンチの『World Wealth Report』では2006年の居住用不動産を除く100万米ドル以上の純資産を保有する個人は950万人 (日本は約148万人) となっている．

この富裕層を対象とした資産管理業務が，富裕層がもっとも多い米国において発展してきた．とくに1975年のメーデーにより手数料が自由化された以降，資産管理とそれによる資産管理営業が進展した．その具体的内容は次の通りである．[3]

① ライフプランとマネープラン

投資家の年齢や家族構成，保有資産の中身や年収等を把握して，その投資家

属性に応じて,投資家に合った資産運用を提案し,投資家ごとのモデルポートフィリオを作成する.そして,それに合った金融商品の購入を代行する.その後,パフォーマンスをレビューし,必要とあれば,資産の再配分を提案する.ファイナンシャル・アドバイザーは,資産運用のコンサルタントの役割を行う.

② 投資家資産の把握

投資家の信頼性を獲得し,投資家の金融資産を出来るだけ多く集結する.

③ 営業目標

売買注文よりも預かり資産の積み上げ(Transaction Generating から Asset Generating に)に営業目標が変わる.これにより,手数料の徴収も売買ごとに得られるコミッションから残高ベースのフィーに変わる.

(2) SMA (Separated Managed Account:ラップアカウントとも呼ぶ)

証券会社が,個人投資家の意向をもとに,個人投資家の資産管理,運用,投資アドバイス,売買の執行,口座管理など資産運用に関する様々なサービスを一括して提供するもので,証券会社は,投資家から一任された資金を株式,債券,投信等で運用管理する投資に関する各種のサービスを包括(Wrap)している.投資家の属性に合ったファンドマネージャーを斡旋し,投資家のニーズに合った運用をしているが,パフォーマンスをモニターして,必要とあればファンドマネージャーの交代を提案する.手数料は,売買ごとではなく,投資家から預かっている運用資産残高の何%という形で残高に比例した年間フィーを頂くというフィーベースである.この中には,売買手数料やアドバイス料などがトータルで含まれているので,証券会社にとっては,アドバイス力や運用力が重要となる.具体的なプロセスを示すと次のようになる.

① 投資家が証券会社の口座に資金を預ける.
② 運用は,専門の運用会社に委託する.
③ 口座管理や運用報告などのサービスを包括する.

④ 他の投資家とは区別されて，投資家固有の運用ニーズを反映させた運用管理が可能にする．

　SMA が米国で発展したのは，機関投資家の世界における運用のあり方を小口化，大量生産化して個人向けに開発されたことが大きい．その背景には，① 手数料の自由化，② ERISA（従業員退職所得保障法）で受託者責任，分散投資を折り込んだことがある．また，③ システム，情報技術の発展でサービスを小口化して管理，低価格で提供できるようになったこと，④ IT バブルが 2000 年に崩壊し，個人が投資判断を行っても上手くいかない．運用はプロに任せることになったことが指摘できる．

　米国では投資信託が普及しており，資産運用の重要な手段となっている．投資信託と SMA との共通点と相違点は，**表 13-3** の通りである．

　米国においては，SMA には具体的にある大手証券会社の例から見ると次のように運用方法，契約の内容，フィーの異なる種類がある[4]．

① コンサルタント・プログラム（社内ラップ）

　投資家は，証券会社と一任契約を結ぶ．投資顧問会社を複数使う証券会社には，営業部隊，投資家の資産配分や投資顧問業者の選択，モニタリングを行う一任勘定の専門部隊，バックオフィスがある．

　　預かり資産　最低 10 万ドル

　　手数料　2.5 - 3 %（コンサルティング，カストディサービス，資産管理，売買取引，四半期毎のパフォーマンス評価とモニタリング）

表 13-3　SMA と投資信託の比較

	運　用	保　管	投資単位
投資信託	投資顧問会社に委託	受託銀行	少額
SMA	投資顧問会社に委託	個人が個別銘柄を直接保有でき，ポートフォリオのカスタマナイズが可能	最低投資額は高めに設定

② コンサルタント・プログラム（系列運用会社採用型・社外ラップ）

系列の運用会社を採用する．したがって，証券会社と投資顧問会社，投資家と投資顧問会社とのコミュニケーションは取りやすい．

本社のシニア・ポートフォリオ・マネージャーがモデルポートフォリオを決め，支店に駐在するポートフォリオマネージャーが営業上のコミュニケーションを対応する．

③ ファンドラップ

主に投資信託で運用するサービスで，最低投資金額は小口である．

④ 営業員の一任勘定

営業マンが投資顧問機能を兼ねる．一任勘定を提供できる営業マンは，上位1-2％に限定（経験年数，過去の事故歴，外務員資格の投資顧問資格の有無，CFP，CPA，預かり資産，営業収入の規模等で審査）される．

⑤ 投資信託プログラム

資産管理業務におけるもっとも一般化した金融商品が投資信託である（「第9章 投資信託」参照）．

5 外務員制度

資産管理業務に関しては，その担い手である証券外務員についても触れる必要がある．

日本では，これまで証券外務員は証券会社の「従業員」か，それとも顧客の「代理人か」，また証券会社の「従業員」として「代理権」を有するかが主に顧客，証券会社，証券外務員間の問題になってきたが，1965年の証券取引法の改正により，証券会社の「従業員」として「裁判外の一切の代理権」を有すると明記された．

これに対して，米国においては，近年，資産管理営業が重視されるにつれて高学歴の社員外務員（大学院卒業が44％）以外にIC（Independent Contractor）や

RIA (Registered Investment Adviser) と呼ばれる「顧客本位」の営業を行う証券外務員が増加し，リテール証券市場で重要性を増してきている．

(1) IC

ICとは，「証券会社の営業員ではないものの，証券会社と契約を結んで証券の販売を行う個人」(SIA年鑑) とされ，社員営業員とは別に証券会社に所属せず，独立したファイナンシャル・プランナー (FP) や会計士が米国の外務員資格であるRR (Registered Representative) の資格を取得した上で，ICとして証券会社と契約を結んで資産管理に関する包括的な提言を行っており，報酬は戻し率80％の歩合制になっている．

顧客に対しては証券会社の業務の委託を受けた証券会社の代理人 (agent) として働き，証券会社との関係は独立した事業主として対等な契約関係にあるが，広く金融商品全般を対象として，ライフプランに沿った資産配分や投資対象をコンサルタントベースで提案をすることに従事している．そのため，無理な販売を抑制し，投資家の立場に立った商品選択を行うという特徴がある．

社員営業員とICを比較すると**表13-4**の通りである．

表13-4　社員外務員とIC

	社員営業員	IC
報　酬	固定給＋受入手数料の40-45％	受入手数料の80％
保険料等	証券会社負担	健康保険等の社会保険，退職年金プランは自己負担
営業費用（事務所費，通信費，人件費等）	証券会社負担	自己負担
管　理	会社の営業方針に従う	営業地域，対象顧客，取扱商品，勤務時間等は自分の判断
二重就業	不可能	可能（ただし，既契約先の同意が必要）
監督責任	証券会社	証券会社
コンプライアンス（含む研修）	証券会社	証券会社

証券会社は，IC に対して金融商品の提供，バックオフィス機能，情報システム・電話設備設置の援助，顧客情報，リサーチ情報・ソフトウエア等を提供する．証券会社にとって IC と契約を結ぶメリットとしては① コストの完全な流動化ができ，② 営業管理・コスト管理が不要となり，③ 小規模店舗の開設が容易となり，地域・顧客により密着した営業が可能になることが挙げられるが，逆にデメリットとしては① 距離的にも離れた場所で営業している IC に対して厳格なコンプライアンスが必要となり，かつ，② 顧客は会社の顧客ではなく，IC の顧客となるため，IC が会社を移ればそのほとんどを失うことになる，③ 会社の経営理念の浸透といったことは困難とならざるを得ない，などがあげられる[5]

(2) RIA

IC とは別に RIA と呼ばれる独立の投資顧問業者がいる．RIA は，独自の裁量に基づいて販売支援会社のシステムを活用してポートフォリオを組み，投資家各自のライフプランと資産設計に応じた金融商品を提供する．注文の執行，決済機能は証券会社に委託する．通常，フィー型のビジネスモデルに基づいてアドバイス料を徴収し，取引ごとのコミッションは徴収しない．最近，富裕層が資産管理業者として RIA を利用することが増加してきていると言われている．

このように IC，IRA は独立性が高く，① 顧客との関係確立，② 顧客データの収集と目標の明確化，③ 顧客のファイナンス状態の分析と評価，④ プランの検討・作成・提示，⑤ プランの実行援助，⑥ プランの定期的見直しという FP の仕事の進め方に沿って，販売する証券会社サイドではなく投資家サイドに立った営業を行っているとみられている．

日米両国における証券会社数と証券外務員数の比較は**表 13-5** の通りである．

表 13-5　証券会社と RR, IC, RIA の日米比較

	米　国	日　本
証券会社数	4,895 社	322 社
店舗数	171,659 店	2,336 店
RR（外務員登録数）	664,975 人	99,200 人
RIA	43,000 人	
IBD	110,000 人	
大手証券所属アドバイザー	73,000 人	

(出所) FINRA Statistics, 日本証券業協会資料等から作成. 証券会社数, 店舗数, RR 数は 2008 年, RIA, IBD, 大手証券所属アドバイザー数は 2006 年末.

（3）　金融商品仲介業

① 金融商品仲介業の導入

　90 年代末の日本版金融ビッグバンにもかかわらず，家計貯蓄の預貯金偏重は一向に改まらず，市場型金融商品つまりは証券の保有割合は停滞したままである．こうした現状を打開し，長期性の貯蓄資金を証券市場に導入させるための方策の 1 つとして証券販売チャネルを多様化・拡大することが考えられ，こうして出てきたのが銀行証券共同店舗の解禁（ファイヤーウォール規制の緩和）および金融商品仲介業制度であった．金融商品仲介業は，2004 年 4 月に導入され，同年 12 月には銀行等にも認められた．仲介業者は，証券外務員資格を取得した担当者を通じて，契約をしている証券会社に株式売買の注文を取次いだり，投資信託を販売することが出来る．参入業者は個人でも法人でもよく，登録制である．証券事故等における監督責任，賠償責任等のコンプライアンスの責任は金融商品取引業者が負うことになる．

　金融商品仲介業者は，金融商品仲介業を行おうとするときは，あらかじめ顧客に対して所属金融商品取引業者の商号または名称，所属金融商品取引業者等の代理権がない旨，法 66 条の 13 の規定の趣旨すなわち，金銭等の預託を受け入れることができない，およびその他内閣府令で定める事項として，金融商品取引業者が投資助言業務を業とする場合，投資助言業務の顧客に対して金融仲

介行為を行うときは，当該金融商品仲介行為により得ることとなる報酬の額を，顧客に明示しなければならない．これは，投資助言によって金融商品仲介行為の回数を増加させて過剰な報酬を防止する趣旨であるといわれる．

② 金融商品仲介業者とそのビジネスモデル

2008年6月現在の金融商品仲介業者は569業者（「第12章 市場仲介者」参照，2009年3月末では，若干減少して553業者）で，個人が29.7%（169業者），法人が70.2%（4000業者）である．金融商品仲介業者の登録外務員数は2007年12月末で2354人である．

複数の金融商品取引業者と契約している仲介業者は28社と僅かであるが，最大5社と契約している仲介業者も2社ある．

（4） ファイナンシャル・プランナー（FP）

ファイナンシャル・プランナー（以下，「FP」という）は，顧客のライフデザイン（生き方）とライフプラン（生涯生活設計）に合わせて，様々な金融商品すなわち預貯金，株式，保険，不動産，税金，年金，ローンといった幅広い分野に関する金融行動にアドバイスを行う業務に従事する．具体的には，① 顧客情報の収集，② 顧客の金銭面での目的，③ 顧客のライフ・金銭面での問題点の把握，④ 書面での提案書の作成，⑤ 提案の実行，⑥ 結果の検証と調整，という業務に従事する者である．

近年，社会の急速な高齢化の進展や個人金融資産の増大，さらには金融・経済のグローバル化を背景にしてFPビジネスが増大してきている．顧客の資産運用ニーズに基づいてコンサルティングセールスを行う必要性が高まったことがその背景にあると考えられる．最近では多くの銀行，証券，保険会社等の金融機関で，大卒新入社員に入社後数年以内にFP資格の取得を奨励するのが一般化してきている．

米国のFPは，IFA（Independent Financial Adviser）やIRAとして銀行，証券，保険等の金融機関から独立した専門業者として認知されている．これに対し，

日本では金融機関の従業員が業務上の必要性と自己啓発のために資格を取得しており，企業 FP の独立志向は少ないといえる．

① 技能検定試験制度

職業能力開発促進法に基づく技能検定は，「労働者の有する技能を一定の基準によって検定し，これを公証する技能の国家検定制度」であり，労働者の技能と地位の向上を図ることを目的」とし，2002 年より「顧客の資産に応じた貯蓄・投資等のプランの立案・相談に必要な技能の程度を検定」するため，ファイナンシャル・プランニング技能士（以下，「FP 技能士」という）検定制度を新たに加えるとともに，(社)金融財政事情研究と NPO 法人日本ファイナンシャル・プランナーズ協会（以下，「FP 協会」という）が検定実施の指定機関として，厚生労働大臣から指定された．

国家試験としての FP 技能士のこれまでの累積合格者は，2007 年度で 1 級技能士約 1 万人，2 級技能士約 17 万 4000 人，3 級技能士約 21 万 4000 人の合計約 39 万 8000 人にのぼっているが，更新が不要であり法制度，税制，社会保障制度をはじめ，変化する経済情勢に対応するためには継続的な知識の構築が不可欠であり，今後の課題と思われる．

② CFP と AFP

CFP (Certified Financial Planner) は，非営利法人 CFP BOARD が実施する民間資格で，教育基準の策定，資格審査試験の実施と資格認定，認定者登録と倫理規定・業務基準の策定等を目的として 1985 年に米国で設立された機関で，世界 19 の国と地域の組織が認証を受け導入している．日本国内では FP 協会が Education（教育），Examination（試験），Experience（経験），Ethics（倫理）の「4E」を認定基準の根幹に，教育要件（認定教育と継続教育）と倫理要件による資格認定・更新を義務付けることにより認定している民間ライセンスで，1992 年に導入した．資格認定者数は 1 万 6000 人である．

また，FP 協会には CFP を上級資格とし，普通資格として AFP (Affiliated Financial Planner) 認定制度を設けており，2 級 FP 技能士・学科試験の合格を教

育要件の1つとしている．約13万5000人が資格認定者である．

　FP技能士とCFP，AFP資格の合格者は大半が両方の資格を取得し，重複していると考えられる．さらにFP技能士は4種類の試験科目についてそれぞれの科目に合格すればFP技能士になれる．また，AFPも2種類の試験科目についてそれぞれの科目に合格すればAFPになれることから重複者が多いと見られ，実際の合格者，認定者はこの何割かとなろう．このうち，FP協会資格認定会員（CFP，AFP）の大半は実務に従事していると見られる．

注
1) 産業金融モデルとは，銀行中心の預金・貸出による資金仲介．
2) 市場金融モデルとは，価格メカニズムが機能する市場を通ずる資金仲介．
3) 詳しくは，二上季代司「資産管理型営業定着の条件」『証研レポート』No. 1563，日本証券経済研究所，1998年，参照．
4) 詳しくは，沼田優子「米国におけるラップ口座の現状」『シリーズ研究「ラップ口座」』日本証券業協会，2005年，p. 3．
5) 伊豆久「インデペンデント・コントラクターについて」『証研レポート』No. 1541，日本証券経済研究所，1996年，p. 17．

参考文献
伊豆久「インデペンデント・コントラクターについて」『証研レポート』No. 1541，日本証券経済研究所，1996年．
伊豆久「インデペンデント・コントラクターと証券規制」『証研レポート』No. 1557，日本証券経済研究所，1998年．
川村正幸『金融商品取引法』中央経済社，2009年．
黒沼悦郎「米国における資産運用業の規制について」『投資サービス法（仮称）に向けての提言──資産運用の見地から──』日本証券投資顧問業協会，2006年．
坂下晃「金融商品取引業とファイナンシャル・プランナー」『証券レビュー』第48巻12号，日本証券経済研究所，2008年．
長島亮「独立系アドバイザーの拡大により成長を遂げるチャールス・シュワブ」『資本市場クオータリー』Autumn，野村金融資本市場研究所，2007年．

野村証券投資情報部編『証券投資の基礎』丸善，2002年.
橋本基美「資産運用ビジネスの現状と展望」，証券経営研究会編『証券ビジネスの再構築』日本証券経済研究所，2004年.
深沢泉『まるわかり ファイナンシャル・プランナー』成美堂出版，2004年，p.20.
二上季代司「リテール証券ビジネスにおける新たな変化」，証券経営研究会編『金融システム改革と証券業』日本証券経済研究所，2008年.
二上季代司「資産管理型営業定着の条件」『証研レポート』No.1563，日本証券経済研究所，1998年.
二上季代司「資産管理型営業について」『証券レビュー』第42巻第12号，日本証券経済研究所，2002年.
二上季代司「施行を前にした証券仲介制度」『証研レポート』No.1625，日本証券経済研究所，2004年.
吉田耕造・若園智明「アセットマネジメント業務」，証券経営研究会編『金融システム改革と証券業』日本証券経済研究所，2008年.
『金融商品なんでも百科』金融広報中央委員会，2008年.
「シリーズ研究『ラップ口座』」日本証券業協会，2005年.

第14章 投資者保護とディスクロージャー

1 投資者保護とは

(1) 自己責任と投資者保護の必要性

　証券投資には，リターンがある一方，必ずリスクを伴うものであるから，証券投資は元来，投資者の自主的な判断と意思決定によって行われるべき個人的な経済行動である．したがってその結果についても，投資者自らが責任を負うべき性格のものである．このことを証券投資における「自己責任原則」という．

　それにもかかわらず，投資者保護の必要性が強調され，法規制によって，投資者保護について厳しく定めているのは何故であろうか．

　それは，投資者が正しい情報を知り，判断しうるような条件と，いつでも公正な取引ができる環境が保証されていない限り，投資者は誤った判断と行動に導かれるおそれがあるからである．

　例えば，投資者がある企業の株式に投資しようとする場合，まず，その企業の経営状況を知ろうとするであろう．企業は，投資判断の資料として損益計算書や貸借対照表などの財務諸表を公表しているが，その場合に，もし財務諸表に記載されている事項が正しくなければ，投資者は誤った知識によって株式投資を行うことを余儀なくされることになろう．このため，特に，証券取引所の上場企業にとっては，正しい財務内容を公開することが，投資者保護の一大前提なのである．

　証券投資の対象となる有価証券，特に株式は，普通の商品とは異なり，その

価値の測定が非常に困難であり，その取引自体が技巧的操作の対象になりやすいことから，価値評価や取引にあたって相当程度の専門知識が要求される．一方，資本市場が国民経済的に十分な機能を発揮するためには，多数の一般投資者の市場参加が不可欠であるが，これらの投資者は，必ずしも有価証券の評価や取引にあたって専門的な知識を有しているわけではない．

　一般投資者は投資判断にあたっては専門家である証券会社の投資勧誘や助言等に依存することが多く，一般投資者は証券投資を行う場合，証券会社を通じて証券取引をするほかない．

　証券会社は証券取引の専門家であり，一般投資者との間には，専門的知識および能力の点で大きな格差が存在し対等ではないため，ここに投資者保護の必要性がある．

　ここで「投資者保護」とは，有価証券の価値自体を保証するものではなく，具体的には，①事実を知らされないことによって被る損害からの保護，②不公正な取引によって被る損害からの保護である[1]．したがって，投資判断を誤ったことから生じた投資者の損失を補てんすることが「投資者保護」ではない．この点，銀行預金のような元本の払戻しおよび利子の支払いを保証する「預金者保護」とは，本質的に性格を異にしている．それだけに，一般投資者が証券投資を行うにあたっては，その本質を十分に理解し認識を深めさせることが必要である．

（2）　投資勧誘における適合性原則

　証券投資は，投資経験，投資目的，資力等，投資者の意向と実情に適合したものであることがもっとも望ましい．証券会社の投資勧誘は，顧客の投資判断に対して重要な影響力を持つことから，証券会社に対しては，顧客の知識，経験，財産の状況および投資目的に則した投資勧誘を行うことが求められている．この考え方を「適合性原則」という．

　また，証券会社は，投資勧誘にあたっては，顧客に対して自己責任原則を理

解させなければならない．この意味で，自己責任原則は，証券会社の投資勧誘におけるルールや適合性原則と不可分の関係にあり，自由，公正で透明，健全な証券市場を実現していくための基本的な行為規範である．

この背景としては，1990年11月，IOSCO（International Organization of Securities Commissions：証券監督者国際機構）において7つの行為規範原則が採択された[2]．これを受けて，金融商品取引法（以下「金商法」という）では，IOSCO第1原則の「誠実・公正原則」は，「業者等ならびにその役員および使用人は，顧客に対して誠実かつ公正に，その業務を遂行しなければならない」（金商法36条），また，第4原則に相当する「適合性原則」は，「顧客の知識，経験，財産の状況および金融商品取引契約を締結する目的に照らして不適当と認められる勧誘を行ってはならない」（金商法40条1号）と規定している．

2　ディスクロージャー制度

ディスクロージャー（企業内容開示）制度（disclosure）は，大量の有価証券の募集や売出しに際し，それに応じようとする投資者に対し，または市場に流通している有価証券を売買しようとする投資者に対して，一般投資者が十分な投資判断ができるよう，発行会社の事業内容，財産経理の状況，経営成績等に関する情報を広く提供する制度である．

一般投資者が安心して証券市場において取引することができるためには，証券の投資判断に必要な重要な情報がすべて適切に開示されて，それを利用して自ら合理的な投資判断できることが必要である．

ディスクロージャーが的確かつ十分に行われてこそ，投資者が開示された情報を投資判断資料として活用できるのである．

証券投資は，基本的には，企業の将来の収益力に対する投資であり，一般投資者にとっては，それを予測するための情報は極めて重要な意味を持つ．

投資者が合理的な判断に基づいて証券投資を行うためには，有価証券の価値

判断に必要な情報が，正確に，適時に，かつ，公平に開示され，さらに投資者に有効に利用されることが前提になるからである．その内容は，ディスクロージャー制度，公開買付に関する開示制度，5％ルールである．その中心となっているのはディスクロージャー制度であり，主たる開示書類は有価証券報告書であり，証券取引所等において投資者の縦覧に供されるが，開示された情報については，証券会社やアナリスト，マスメディア等によって分析され，その結果が一般投資者に伝達されることが期待されている．

ディスクロージャー制度としては，①企業が有価証券を発行する際に，有価証券届出書・目論見書により情報を開示させる発行開示の制度，②広く流通している有価証券の発行者に，有価証券報告書・半期報告書等により定期的に情報開示を求める継続開示の制度，③市場外での株式等の大量取得に関する公開買付の開示，④株式等の大量保有者に情報開示義務を課す大量保有開示がある．

ディスクロージャー制度は，発行市場におけるディスクロージャー制度と流通市場におけるディスクロージャー制度に大別される．

（1） 発行市場におけるディスクロージャー制度（発行開示）

企業が株式を発行して，これを不特定多数の投資者に対して均一の条件で売却し，資金調達を行うときには，金商法の規定に基づく有価証券の募集および売出しに関する届出制度が適用される．

有価証券を発行する場合には，その投資者を保護するために一定事項の情報開示を発行開示という．

発行開示制度は，有価証券の発行者が投資者の投資判断に有益な資料として当該発行者にかかる企業情報を正確に，適時に，かつ公平に，投資者に提供する制度である．直接的には投資者保護を目的としたものであるが，同制度を通じて有価証券の発行市場における効率化が図られることにより，企業にとって円滑な資金調達に資するものである．

まず，発行価額または売出価額の総額が1億円以上である有価証券の募集または売出しをする場合には，原則として発行者は有価証券届出書を内閣総理大臣に提出してその届出をしなければならない．有価証券届出書には，① 証券の募集または売出しに関する事項，② 発行会社の商号，当該会社の属する企業集団，③ 当該会社の経理の状況その他事業の内容に関する重要な事項，④ その他の公益または投資者保護のため必要かつ適当なものとして内閣府令で定める事項が記載される．有価証券届出書を提出した後に，その記載事項または内容の訂正の必要が生じた場合には，訂正届出書を提出する必要がある．有価証券届出書，訂正届出書は，内閣総理大臣が届出を受理した日から原則として15日を経過した日に効力が生じる．投資者に取得させるためには，届出の効力が発生していなければならない．この有価証券届出書は，本店所在地等を管轄する財務局に備え置き，公衆縦覧に供される．

　なお，有価証券を募集・売出しによって取得させるためには，あらかじめまたは同時に投資者に目論見書を交付しなければならない．目論見書とは，有価証券の発行者の事業に関する説明を記載した文書である．有価証券届出書による開示は，投資者が縦覧場所に出向いて情報を得る間接開示であり，目論見書による開示は有価証券届出書とほぼ同じ内容を記載した目論見書を投資者に直接交付する直接開示である．

（2） 流通市場におけるディスクロージャー制度（継続開示）

　流通市場のディスクロージャー制度は，原則として一定の有価証券を継続的に流通させている企業に対して，投資判断資料を提供するため，継続的に会社情報の開示を行うところに特色があり，これを継続開示という．具体的には，① 証券取引所に上場されている会社，② 有価証券届出書を提出した会社，③ 発行する有価証券の所有者が一定数（500名）以上である会社（資本金5億円以上）の場合には，事業年度ごとに有価証券報告書を，その事業年度経過後，3カ月以内に内閣総理大臣に提出すること金商法は要請している．

流通市場におけるディスクロージャー規制としては，事業年度ごとに「有価証券報告書」を，四半期ごとに「四半期報告書」を，一定の事由が生じた場合に「臨時報告書」を内閣総理大臣に提出させ，公衆縦覧に供することにしている．このほか，会社から投資者に直接開示されるものとして，「目論見書」，「営業報告書」および「委任状勧誘参考書類」がある．

　有価証券報告書には，① 企業の概況，② 事業の状況，③ 設備の状況，④ 提出会社の状況，⑤ 経理の状況，⑥ 株式事務の概要，⑦ 提出会社の参考情報が記載される．

　証券取引所は自主規制の1つとして適時開示（タイムリー・ディスクロージャー）を企業に要請している．タイムリー・ディスクロージャーは，証券の投資判断に影響を及ぼす重要な情報を，公平に開示することを目的としており，これによって公正な価格形成が行われることを期待している．また，重要な情報を迅速に開示させることにより，それを使ったインサイダー取引を防止することにも役立つ．証券取引所は，証券の投資判断に影響を及ぼす重要な情報が発生して，その内容が不明確であるかまたはその内容を投資者に周知させる必要があると認めた場合には，売買管理の適正化を図るため，当該会社の発行する有価証券の売買を一時停止させるとしている．

　さらに，上場会社は，財務計算に関する書類その他の情報の適正性を確保するために必要な体制について，評価した結果等を記載した「内部統制報告書」（連結ベース）を有価証券報告書と合せて提出しなければならない．なお，2006年より四半期報告書の提出が義務付けられた．

（3）　公開買付等の情報開示

　公開買付（take over bid = TOB）とは，不特定かつ多数の者に対して，公告により株券等（新株予約権証券，新株予約権付社債券，投資証券等を含む）の買付等の申込または売付等の申込の勧誘を行い，証券取引所市場外で株券等の買付等を行うものである．有価証券報告書を提出しなければならない会社の発行する株券

等を取引所市場外等で買付する場合には，原則として公開買付によらなければならない．公告は公開買付の目的，買付価格，買付予定株券の数，買付期間などを時事に関する事項を掲載する日刊新聞紙で行う．この公告を行った日に，公開買付届出書を内閣総理大臣に提出し，さらに，届出書の写しを公開買付の対象会社，証券取引所に送付しなければならない．公開買付の規制は，株券等の買付に関する情報を株主等に平等に開示するためのものである．公開買付期間は，公開買付開始公告をした日から20営業日以上60営業日以内とされている．公開買付者は，公開買付届出書の内容等を記載した公開買付説明書を作成し，応募株主に対し交付しなければならない．取引所市場外の買付によって，買付後の株券所有割合が5％を超えることとなる場合には，原則として公開買付の方法によらなければならない（金商法27条の2第1項1号）．また，著しく少数の者（60日間に10名以下）から取得する場合には，取得後の所有割合が5％を超える場合であっても，公開買付によることを要しない．しかし，著しく少数の者からの取得であっても，取得後の所有割合が1/3を超えることとなる場合には，原則どおり公開買付によることを要する．公開買付は，その買付者に買付にかかる情報をあらかじめ開示することを義務付け，株主に対する平等待遇を保証することにより投資家保護を図り，株券等の取引の円滑化を図ろうとするものである．

　公開買付制度が取引所市場外において株券等を買い集める制度であるのに対して，株券等の大量保有の状況に関する開示（5％ルール）は，取引所市場内において不特定多数の株主から株券を秘密裏に買い集めようとする者に関する情報開示制度である．

　株券等の大量取得・保有・放出等に関する情報を開示することによって，証券市場の公正性や透明性を高め，投資者保護を一層徹底するため，1990年に株券等の大量保有に関する制度（いわゆる5％ルール）を導入した．

　これは，公開会社の株券等の保有割合が5％を超えることとなった場合，大量保有者は，大量保有報告書（大量保有報告者の概要，保有目的，取得資金に関する事

項などを記載）を内閣総理大臣に提出しなければならない．大量保有者は，その後，保有割合が1％以上増減するごとに，変更報告書を提出しなければならない．これらの報告書は，発行会社，上場証券取引所（上場会社の場合）等に送付する必要があり，さらに，証券取引所で5年間，公衆縦覧に供される．

3　不公正取引規制

投資者保護を図るために，証券会社，投資者を含むすべての者に対して，証券市場においてインサイダー取引や相場操縦等を禁止している．不公正な取引が存在すると，一般投資者の証券市場に対する信頼を失わせ，市場からの離散を招くからである．

（1）インサイダー取引規制

インサイダー取引（insider trading）とは，①有価証券の発行者の役員等の一定の立場にある者（取引主体）が，②一般人の知らない特別な会社情報（重要事実）を利用して，③その情報が公表される前に，その会社の株式等を売買することを禁止している（金商法166条）．

かつて日本の証券市場は長い間，インサイダー取引は「悪」であるという認識が薄く，海外から「インサイダー天国」と言われるほど，信頼のない市場と見られたことがあった．

ところが1987年9月に，某銀行がタテホ化学工業の財テク失敗のニュースが公表される前に同社株式を売却して損失を回避したとされる「タテホ事件」を契機に，インサイダー取引規制の不備が指摘された．1988年に法律でインサイダー取引規制の規定が設けられ，違反行為には刑事罰が課せられ，2005年からは課徴金も課せられた．

有名なものとして「日本商事事件」がある．日本商事が発売した抗ウイルス剤の新薬に関連して副作用死の事例が明らかになり，出荷停止となったが，こ

れを知った同社の役員や従業員は，これが発表されると株価が大きく下がるだろうと思い，損失を免れるために，発表前に持株を売却した．そこで，これらの取引がインサイダー取引規制に違反するかどうかが問題となったが，この事件では，日本商事の役員や従業員など 32 名がインサイダー取引の事実を認め，罰金 50 万円の略式命令により処分が確定した．もっとも，提携製薬会社から情報を伝達され，株価下落を見越して同株式を信用取引により売り付けたとされる医師については，裁判で争われることになった．

　最近では，ニッポン放送株式を巡るインサイダー取引事件がある．村上ファンド代表の村上氏は 2004 年 11 月 8 日，ライブドア側からニッポン放送株式を 5％以上取得する方針を決めたとの内部情報を入手した直後から公表前の 2005 年 1 月 26 日までに同放送株式計 193 万株を約 99 億円で購入し，同放送株式の売却で得た不正利益は約 30 億円に上るもので，裁判で争われることになった．検察側は「証券市場への信頼保護を目的としたインサイダー取引規制の趣旨を没却させる極めて悪質な犯行」と指摘し，懲役 3 年，追徴金約 11 億 4900 万円，罰金 300 万円を求刑した．東京地方裁判所は懲役 2 年の実刑判決を言い渡した（2007 年 7 月 19 日）が，東京高等裁判所は懲役 2 年，執行猶予 3 年，罰金 300 万円の有罪判決を言い渡した（2009 年 2 月 3 日）．

　インサイダー取引規制は重要事実の公表前の取引の禁止が規制の中心である．上場会社等の業務に関する未公開の重要事実を知り得る特別の地位にある者は，その地位により，法令に定める一定の事実を知った時には，それが公表された後でなければ，当該上場会社等の有価証券を売買することを禁止している（金商法 166 条）．ここで，インサイダー取引規制の対象となる者は，① 上場会社等の内部者（役員，代理人，使用人その他の従業員，帳簿閲覧権を有する株主），② 上場会社等の準内部者（a. 法令に基づく権限を有する者［例：監督官庁の公務員］，b. 上場会社と契約を締結している者等［例：顧問弁護士，監査契約のある公認会計士等］），③ 情報受領者（a. 会社関係者から重要事実の伝達を受けた者，b. 会社関係者から重要事実を職務上伝達を受けた者が所属する法人の役員等であってその職務に関し知った者）が対象となる．

また，重要事実とは，① 決定事実（業務執行を決定する機関が決定したこと，公表した事項を行わないことを決定したこと［株式等の発行，資本の減少，株式の分割，利益の配当，株式交換，合併，営業譲渡，新製品の企業化等］），② 発生事実（災害または業務に起因する損害，主要株主の異動等が発生したこと），③ 決算情報（会社の決算情報の予想値または実績値に比較して，新たに算出した予想値または実績値に差異が生じた場合），④ その他（当該上場会社等の運営，業務または財産に関する重要な事実であって投資者の投資判断に著しい影響を及ぼすもの）と規定されている（同条2項）．さらに，公表とは，① 会社の代表取締役等が重要事実を2つ以上の報道機関［新聞社，通信社等］に公開して12時間を経過すること，② 重要事実に係る事項の記載のある有価証券報告書等が公衆縦覧に供された場合とされている（同条4項）．したがって，インサイダー情報が一般に公表された後には，当該会社のインサイダーが当該会社の株式取引を行っても問題はない．インサイダー取引規制は，非常に複雑な構成要件で規制されているため，実際にインサイダー取引を摘発することは極めて困難である．そこで，インサイダー取引規制を補完するものとして，インサイダー取引が行われる可能性が高い一定の場合には，その取得した短期売買差益を返還する規定（金商法164条）があり，内閣総理大臣にその売買に関する報告書提出義務が課せられており，インサイダー取引規制の効果を側面から強化している．

（2） 相場操縦の規制

株式相場は，株式の売りと買いの需給により決定されるが，相場が人為的に操作されると，投資者の投資判断を誤らせ，投資者に不測の損害を与えることになる．相場操縦は，本来，公正な価格形成が行われるべき株式相場に，人為的に作為を加えて，これを歪める行為で，投資者の信頼を著しく失わせて，市場における公正かつ透明な価格形成が確保できず，投資者保護に反することになる．証券市場の自由および公正を害するとして相場操縦を禁止（金商法159条）しており，違反者にはもっとも重い刑事罰を課している．また，2005年4

月から課徴金が課されている．

　相場操縦行為として禁止される行為は，以下の4つの類型である．すなわち，① 仮装取引とその委託・受託，② 馴合取引とその委託・受託，③ 相場操縦を目的とする現実の取引とその委託・受託，④ 表示による相場操縦がある．仮装取引とは，有価証券の売買取引等が繁盛に行われていると他人に誤解させる目的をもって，実際には証券を動かさずに，売買の形を整えて相場を動かすことである．馴合取引とは，他人と通謀して同時期に同価格で売りと買いの注文を出す等，他人との間で仮装の取引を行うことである．仮装売買は同一人が行うものであるが，馴合売買は取引の相手方が異なる者の間で示し合わせて行う点が相違する．現実取引による相場操縦とは，大量の売買注文を集中的に市場に出すことによって，株価を人為的に変動させる行為である．

　相場操縦は，立証が困難であるため，従来，裁判所で争われた事件はほとんどなかったが，「協同飼料事件」の相場操縦の判決は有名である．東京証券取引所1部上場会社の協同飼料は，会社の財務内容がだんだん悪くなってきたので，それを回復するため資金調達を考え，まず，株主割当の増資をして，その後に時価発行をする方法をとることにした．当時，同社の株価は，1株170円台から180円で推移していた．そのため，協同飼料の副社長と取締役経理部長，引受証券会社は，協同飼料の資金等により協同飼料株式を継続的に買付け，あるいは仮装売買を行ったことにより，株価は256円に上昇した．この価格を維持すべく，続いて協同飼料の系列会社の資金で買付けを行った．東京地方裁判所は，協同飼料の時価発行増資に関して，同社の発行する株式について相場操縦が行われたと認定し，有罪判決（執行猶予付きの懲役刑）を言い渡し（1987年7月31日），続いて東京高等裁判所は原審を支持する判決（1988年7月26日）を下し，最高裁判所も下級審を支持する決定（1994年7月20日）を下した．

4　金融商品取引法

　金商法は，証券取引法を改めて新設した法律である（平成19年9月30日施行）．従来，各種業法は縦割りになっていたが，利用者保護ルールの徹底と利用者利便の向上の観点から，同じ経済的機能を持つ金融商品には同じルールを適用するべきとの考え方が背景にある．金商法は，証券取引法からそのまま移行されたものが多いが，金融先物取引法や証券投資顧問業法等が廃止され，幅広い金融商品について横断的・包括的な規制がされている．

　金商法1条（目的）では，「企業内容等の開示の制度を整備するとともに，金融商品取引業を行う者に関し必要な事項を定め，金融商品証券取引所の適切な運営を確保すること等により，有価証券の発行および金融商品等の取引等を公正にし，有価証券の流通を円滑にするほか，資本市場の機能の十全な発揮による金融商品等の公正な価格形成等を図り，もって国民経済の健全な発展および投資者の保護に資することを目的とする」と規定している．旧証取法の「国民経済の適切な運営および投資者の保護に資する」という最終的な目的の趣旨を引き続き掲げている．また，金商法の概要が目的規定において明らかになるよう，主な制度内容を明記するとともに，旧証取法の制定当時と比べて資本市場が大きく発展していることを踏まえ，新たに「市場法」の性格も有することを明確化している．

　また，金商法は，証券会社が「（第一種）金融商品取引業者」と規定している．今後，さまざまな金融商品が販売されてくることから，金商法は広告規制，契約締結前と契約締結時の書面交付義務，説明義務の強化が規定されており，金融商品取引業者はコンプライアンスを遵守していくことがますます重要になってこよう．

注
1）証取審報告書「株主構成の変化と資本市場のあり方について」(1976年5月11日).
2）IOSCO の行為規範原則は，①誠実・公正，②注意義務，③能力，④顧客に関する情報，⑤顧客に対する情報開示，⑥利益相反，⑦遵守の7原則である．具体的内容（抄）：①誠実・公正……業者は，その業務にあたっては，顧客の最大の利益および市場の健全性を図るべく，誠実かつ公正に行動しなければならない．④顧客に関する情報……業者は，サービスの提供にあたっては，顧客の資産状況，投資経験および投資目的を把握するよう努めなければならない．

参考文献
梅本剛正『現代の証券市場と規制』商事法務，2006年．
河本一郎・大武泰南『金融商品取引法読本』有斐閣，2008年．
神崎克郎・志谷匡史・川口恭弘『証券取引法』青林書院，2006年．
黒沼悦郎『証券市場の機能と不公正取引の規制』有斐閣，2002年．
森田章『投資者保護の法理』日本評論社，1990年．

第15章 証券投資の理論

1 証券投資のリスクとリターン

　証券投資には,「リターン」が存在する．例えば株式投資であれば，利益の分配である配当（インカムゲイン）と，株価の変動から得られる売買差益（キャピタルゲイン）がリターンである．また債券投資であれば，クーポンや，償還時の元本と取得金額の差から得られるキャッシュフローがリターンである．すなわち証券投資のリターンとは，証券を保有，もしくは売買する際に得られるキャッシュインフローをさす．そして，そのリターンが投下した資本に対してどの程度であるのかを計算したもの，すなわちリターン率が，利回り，投資収益率である．

　一方，証券投資には「リスク」もつきものである．リスクとは,「リターンが期待通りにならない可能性」と定義できる．例えば，証券の価格が変動することによって損失を被る「価格変動リスク」や，債務不履行などの「デフォルトリスク」，希望したタイミングと価格で売却することができない可能性を指す「流動性リスク」など，様々なリスクが存在する．

　では，リターンやリスクを図ることは可能だろうか？　債券投資の場合，原則としてリターンは，発行時に定められる金利で決定する．また債券投資のリスクとしては，デフォルトリスクが挙げられるが，これは格付会社が行っている格付けを見ることよって，ある程度事前に確認することができる．一方で，株式投資の場合はどうだろうか．株式投資の場合，リターンは常に一定ではな

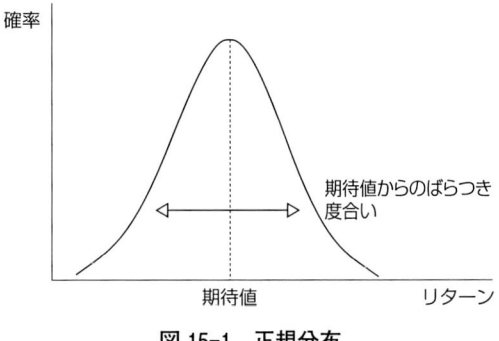

図15-1 正規分布

 い．なぜなら，株式投資は債券投資に比べ，価格変動や事業の不振による赤字，倒産などからくる様々なリスクに強く直面しているからである．
 投資のリターンにはばらつきがあるため，投資を決定する際には，このばらつきがどの程度の確率でおこるのか，を予測することが必要となる．この予測には，期待されるリターンやこれまでの平均的なリターンを値の中心として，そこから実際のリターンが分散する確率がどの程度か，を考えればよい．
 分散とは，リターンの分布が期待値からどの程度ばらついているかを示す値である．リターンには常にプラスとマイナスがある．したがって，リターンのばらつき度合いを見る際，プラスとマイナスのリターンを単純に合計しても打ち消し合ってしまう．このため，それぞれのリターンの数値を2乗してプラスマイナスを消し，かつそれぞれのリターンが生じる確率をそれに掛け合わせて期待値をとる．これが分散である．また，分散の平方根をとれば「標準偏差」が導き出される．最終的にリスクは，この「標準偏差」の大きさによって表される．
 また，証券のリターンの分布は，正規分布をとるのが一般的である．正規分布は**図15-1**のように，期待値を山の頂点として，左右対称になだらかな形状をしている．
 標準偏差がゼロであれば，期待通りのリターンが必ず得られるということに

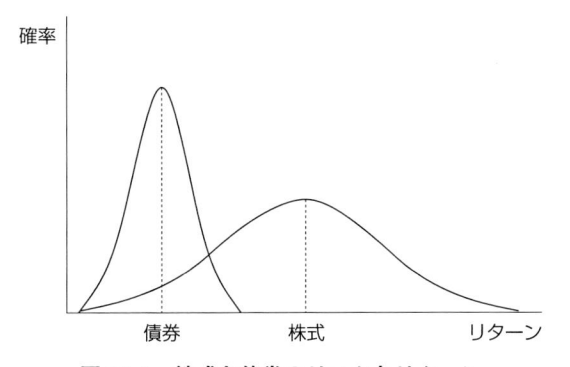

図 15-2　株式と債券のリスクとリターン

なり，リスクはゼロである．反対に標準偏差が大きければ大きいほど，期待されるリターンの中心からのばらつきが大きいということになる．これはリターンが期待通りとなる可能性が低いことをさすため，リスクは高いと評価できる．一般的に，株式は債券に比べてハイリスクハイリターンである．したがって，分布は**図 15-2** のようになる．

2　リスクと分散投資

"Don't put all your eggs in one basket" ——「全ての卵を 1 つのかごに入れるな」．

英語に，このようなことわざがある．卵を 1 つのかごに入れてしまうと，そのかごを落とした時，卵はすべて割れてしまう．しかし，持っている卵をいくつかのかごに分けて入れておけば，そのうちの 1 つのかごを落としても，割れるのは落としたかごに入れていた卵だけで，他のかごの卵は割れずにすむという意味である．まさにこのことわざのとおり，資産を様々な商品に分散して投資し，リスクを低下させる考え方が「分散投資」である．

例えば，天候によって大きくリターンの変わる企業 2 社があるとする．A 社

表15-1　A社とB社のリターン

	A社	B社
晴　れ	−25%	50%
雨	50%	−25%
相関係数	\multicolumn{2}{c}{−1.0}

は雨傘やレインコートを製造している企業で，B社は日焼け止めを製造している企業である．**表15-1**は年間を通じて晴れ，または雨になった場合の1年間の両社のリターン率である．

　さてこの場合，A社とB社，いずれの企業にどのように投資するのが効率的だろうか．

　それぞれの会社の利益率が決まる要因は天候である．雨の日が多ければA社の売り上げは増加し，B社は減少するだろう．また反対に晴れの日が多ければ，A社の売り上げは減少し，B社の売り上げが増加するだろう．しかし，長期的な天候の予測は困難である．

　一方で，両社の相関係数は−1とある．これは，A社とB社のあいだに負の相関があるということを意味する．具体的に言えば，A社の利益率が増加した際にはB社の利益率は同じ割合で減少する，反対にA社の利益率が減少した場合にはB社の利益率は同じ割合で増加する，ということである．

　この例の場合，A社に100%投資すると，リターンは最大50%，最小−25%である．またB社に100%投資した場合も，リターンは最大50%，最小−25%となる．しかし，両社に50%ずつ投資した場合は，いずれの天候においてもリターンを確実に12.5%得ることができ，リターンが大きく異なるリスクを抑えることができる．

　こうして，天候が分からない条件のもとでは，個別の企業に全資金を投資するよりも，両社に半数ずつ投資することによって，天候により偏るリスクを分散することが可能となる．もちろん実際には，このように極端な相関係数やリ

表15-2 集中投資と分散投資によるリターンの違い

	A社に100%投資	B社に100%投資	両社に分散投資
晴れ	−25%	50%	−25%÷2 = −12.5% 50%÷2 = 25% 合計 12.5%
雨	50%	−25%	50%÷2 = 25% −25%÷2 = −12.5% 合計 12.5%
晴れと雨が半分	−25%÷2 = −12.5% 50%÷2 = 25% 合計 12.5%	50%÷2 = 25% −25%÷2 = −12.5% 合計 12.5%	(−25%÷2 + 50%÷2)÷2 = 6.25% (50%÷2 + −25%÷2)÷2 = 6.25% 合計 12.5%

ターンになることは少ないが，集中して1つの銘柄に投資を行うよりも，分散投資をすることで，リスクを減らし，リターンを安定させる効果があることが分かるだろう．

3 ポートフォリオ理論

分散投資は長らく，投資家の経験に基づいて行われていた．これを理論化したのが，1952年のハリー・マーコヴィッツ（Harry M. Markowitz）による『ポートフォリオ選択論（"Portfolio Selection: Efficient Diversification of Investments"）』である．

ポートフォリオとは，株式や債券などの金融資産の組み合わせを意味する．「ポート」とはラテン語で「運ぶ」を意味しており，もともと，書類などを分類整理して持ち運ぶフォルダのことをポートフォリオと呼んでいた．これが転じて，異なる金融商品の組み合わせを，ポートフォリオと呼ぶようになった．

ポートフォリオ理論は，個別銘柄それぞれのリスクとリターンを評価するのではなく，様々な証券の組み合わせであるポートフォリオ全体としてのリスクとリターンを評価する．

すなわち，様々な証券に分散投資し，個別銘柄のリスクを組み合わせること

図 15-3　ポートフォリオ概念図

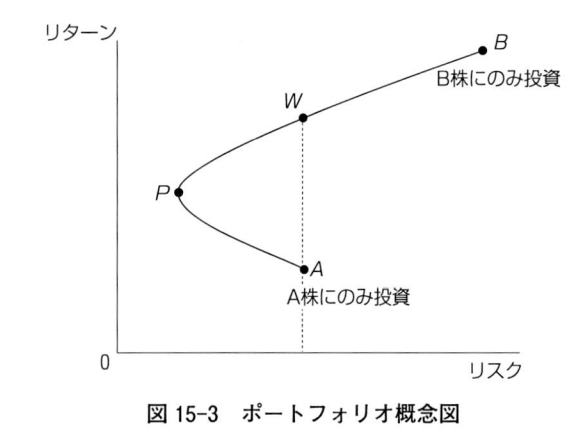

によって，それぞれのリスクを相殺し，資産全体のリスクを低くする方法である．

　マーコヴィッツは，ポートフォリオの組み入れ比率によって，リターンとリスクがどのような値になるかを調べ，それをグラフに表した．例えば，A 株式と B 株式の 2 銘柄に投資を行う場合，ポートフォリオのグラフは**図 15-3** のようになる．

　A 点は A 株のみに投資を行った場合のリスクとリターン，B 点は B 株にのみ投資を行った場合のリスクとリターンである．また A-P-W-B の曲線は，A 株と B 株を組み合わせて投資した場合の，様々な組み入れ比率に応じたリスクとリターンの値をプロットし，つないだものである．リスクがもっとも低い組み合わせは，点 P に示されるポートフォリオであることが分かる．またもっともハイリスクであるがハイリターンとなる投資は，B 点，すなわち B 株にのみ投資を行う場合である．注目したいのは，A 点と W 点である．リスクは同値であるのに対し，リターンは W 点の方が多い．同様に，A-P 間のポートフォリオは，P-W 間のポートフォリオとリスクは同値であっても，リターンは P-W 間の方が多い．よって，A-P 間のポートフォリオを選択するのは非効率であることが分かる．

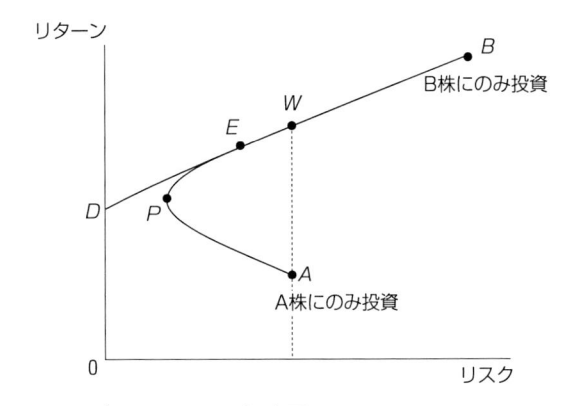

図15-4 ポートフォリオ概念図（リスクフリー資産を加えた場合）

　以上から，投資家が選ぶべきポートフォリオはP-B間にあることが分かる．このP-B線のことを効率的フロンティアと呼ぶ．また，効率的フロンティア上のポートフォリオを，効率的ポートフォリオと呼ぶ．では効率的フロンティア上のどの効率的ポートフォリオを選べば良いか．それは，投資家のリスク許容度によって異なる．リスクを最小限に抑えたいならば，P点で示されるポートフォリオを選択すれば良い．また，ハイリスクでもリターンを最大にしたいならば，B点，すなわちB株に100%投資すればよい．しかし，効率的フロンティア以外の組み合わせ，すなわちA-P線上のポートフォリオは，非効率であるため選ぶべきではない．

　以上はA株とB株の組み合わせであったが，ここに国債や預金などの，リスクフリー資産を加えた場合，グラフは図15-4のように描くことができる．

　D点がリスクフリー資産のみに投資を行った場合のリスクとリターンである．また，E点は効率的フロンティアとD点からのびる直線が接する点である．この場合，投資家が選ぶべきポートフォリオは，リスクフリー資産を加えない効率的フロンティアから，D-E-W-B線上に変化することが分かるだろう．リスクフリー資産を加えた場合，これまでもっともリスクの少ないポートフォリ

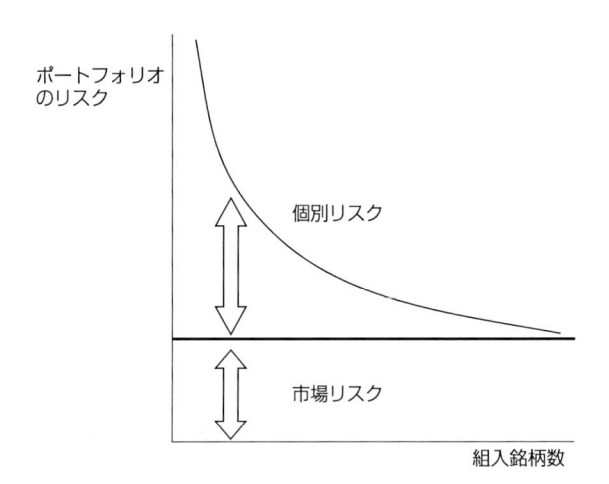

図 15-5　個別リスクと市場リスク

オであった P 点は，D-E 上の同じリスクの点に比べリターンが少なくなり，効率的ではないことが分かる．

　このように，ポートフォリオ理論によって投資家は，選ぶべきポートフォリオと，非効率なポートフォリオを明らかにすることができるが，ポートフォリオに組み入れる証券の種類によっては，リスクが低減されない場合もある．例えば市場環境の変化によって全く反対の値動きをする証券を組み入れれば，ポートフォリオのリスク分散効果は高まるが，全く同じ値動きをする証券の組み合わせでは，リスクを打ち消し合うことができず，リスク分散効果は弱まってしまう．

　また，組み入れる証券を増やしていくと，リスク分散効果が高まりリスクは低下する．しかし，どんなに証券の数を増やしても，ある一定のレベルからは，リスクを低下させることはできない．なぜなら，証券の数を増やせば増やすほど，ポートフォリオとしては株式市場そのものに近くなるからである．そして，株式市場には個別銘柄が持つリスクとは異なる，市場そのものが持つリスクが存在するからである．例えば景気の動向や戦争など，市場全体が被るリスクが

これにあたる．この分散不可能なリスクのことを市場リスク（システマティック・リスク）とよぶ．反対に，ポートフォリオへ組み入れる証券の数を増加させることによって分散可能なリスクを，個別リスク（非システマティック・リスク）と呼ぶ．

4　CAPM

ポートフォリオ理論では，証券の組み合わせによるリスクとリターンを分析した．もちろん，投資家は全ての資産を，国債などのリスクフリー資産に投資することもできる．その場合，リターンはリスクフリー資産の金利となる．では，投資対象にリスクが含まれている場合，投資家が期待するリターンはどのように考えられるだろうか．通常，リスクフリー資産よりも高いリターンを要求するだろう．このように，投資におけるリスクとリターンの関係を，リスクフリー資産と市場のリターンの関係からとらえた理論が，ウィリアム・シャープによる CAPM である．

CAPM とは，Capital Asset Pricing Model の頭文字であり，キャップ・エムと呼ぶ．日本語では資本資産評価モデルと訳される．CAPM の考え方は，投資家の投資に対する期待リターンは，リスクフリー資産のリターンを上回るものとなり，どの程度上回るかは，その証券もしくはポートフォリオのもつリターンの特性による，というものである．この関係を式で表すと，

$$E(Ri) = Rf + \beta[E(Rm) - Rf]$$

となる．$E(Ri)$ は証券もしくはポートフォリオ（i）の期待リターン，Rf はリスクフリー資産の利益率，$\beta[E(Rm)-Rf]$ は $\beta \times$（市場期待収益率－リスクフリー資産利益率）である．市場期待収益率とは，市場全体の，すなわち市場インデックスの期待収益率をさす．また β は，個別銘柄もしくはポートフォリオの市場に対する感応度である．β は当該証券もしくはポートフォリオの一定

図 15-6　CAPM と β

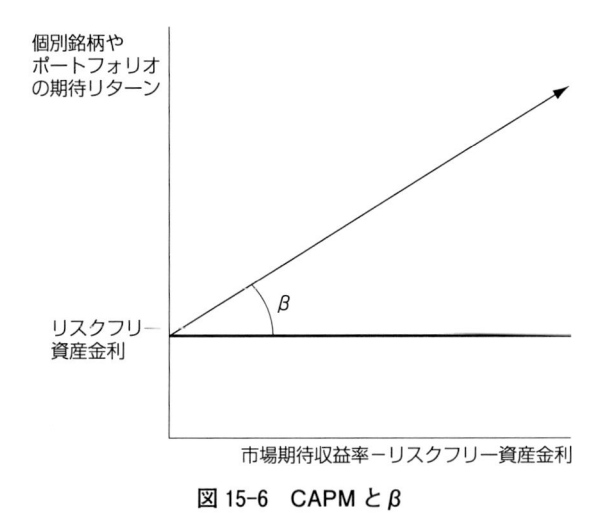

期間のリターンと，市場インデックスの同期間のリターンを分析して求めることができる．ここで重要なのは，β が市場全体の値動きと，個別銘柄もしくはポートフォリオの値動きの関係を表しているということである．β が1であれば，個別銘柄もしくはポートフォリオの値動きは市場全体の値動きと同じになる．また β が2であれば，個別銘柄もしくはポートフォリオの値動きは，市場全体の値動きに比べ2倍になるということを表している．すなわち，β が1より小さいほど市場全体の価格変動に比べ，変動が小さくリスクは低い，そして β が1より大きいほど変動幅は大きく，リスクが高いということになる．

　　$\beta = 1$　市場全体と全く同じ価格変動
　　$\beta < 1$　市場全体の値動きよりも小さな価格変動
　　$\beta > 1$　市場全体の値動きよりも大きな価格変動

　CAPM は，投資家の期待リターンを，リスクフリー資産のリターンにリスクに応じたリターンをプラスしたもの，ととらえている．そして，この $\beta[E(Rm) - Rf]$ の部分を，リスクプレミアムと呼ぶ．つまり，個別銘柄もしくは

図 15-7　証券市場線

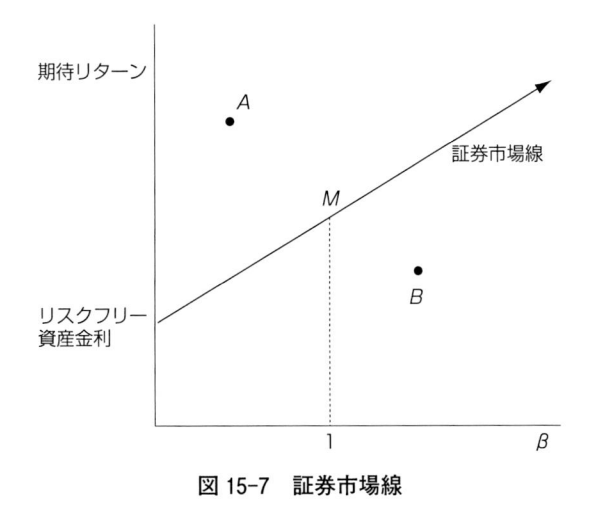

ポートフォリオの期待リターンは，βの大きさによるのである．

CAPMでは市場感応度であるβを重視するが，βとリターンの関係を表したものが図 15-7 である．ここでは，$\beta=1$と市場全体のリターンが交差する点と，リスクフリー資産のリターンを結んだ直線が描かれる．この直線を証券市場線と呼ぶ．CAPMに従って，証券の価格が形成されているのであれば，すべての個別銘柄およびポートフォリオは証券市場線上にプロットされるが，現実にはそれ以外に点が打たれる場合もある．このときその証券は，市場において一時的に過大評価，もしくは過小評価されているということが示される．このように，CAPMを用いて，証券およびポートフォリオが割安かの割高かの評価を行うことができる．

参考文献
石井雄一『道具としてのファイナンス』日本実業出版社，2005年．
井出正介・高橋文郎『ゼミナール証券分析入門』日本経済新聞社，2005年．
小林孝雄・芹田敏夫・日本証券アナリスト協会『新・証券投資論Ⅰ』日本経済新聞出版社，2009年．

釜江廣志『ゼミナール証券分析』有斐閣，2002年．
榊原茂樹・浅野幸弘・青山護・日本証券アナリスト『証券投資論』日本経済新聞社，1998年．
根岸康夫『現代ポートフォリオ理論講義』金融財政事情研究会，2006年．
吉本佳生『金融工学の悪魔』日本評論社，1999年．

索　引

〈ア　行〉

IC（Independent Contractor）　160, 173, 174
IT バブル　21, 33
IPO（新規株式公開）　42, 64, 67, 68
RIA（登録投資顧問業者）　175
RMBS（住宅ローン担保証券）　135
ROE　→　株主資本利益率
アレンジャー　134
安全性　165, 166
アンダー・パー発行　77
アンダーライター業務　150, 156
IOSCO（証券監督者国際機構）　183
板寄せ方式　50, 51
ETF（上場投信）　108
インカムゲイン　195
インサイダー取引規制　188, 189
インターネット証券　153-155
運用報告書　113
ABS（資産担保証券）　135
AFP　177, 178
SEC　→　証券取引委員会
SMA（ラップ口座）　158, 170, 171
SPV　→　特別目的事業体
SPC　→　特別目的会社
FA　→　財務代理人
MBS（モーゲージ担保証券）　135
MBO（マネジメント・バイアウト）　43
エンジェル　64, 66
オーバー・パー発行　77
オプション取引　124, 126, 127
オランダ東インド会社　10, 15
オリジネーター　134

〈カ　行〉

外国債　82
外債
　　円建――　82
　　外貨建――　82
外部資金　8
外務員制度　172, 173
価格変動リスク　167
価格優先の原則　49, 51
格付け　87
格付会社　135, 141
確定利付証券　77
株価維持策（PKO）　32
株価収益率（PER）　59
株価純資産倍率（PBR）　59
株式所有構造　54
株式分割　40, 41
株式無償割当て　40, 41
株主資本利益率（ROE）　59
株主割当増資　38, 39
間接金融　6, 42, 164, 165
企業金融　8
企業の資金調達方法　8
議決権　11
起債会　86
キャピタルゲイン　195
共益権　11
共同投資（合同運用）　103
銀行株式保有制限法　33, 55
銀行等保有株式取得機構　33, 34, 56
銀行保有株式　33, 56
金融サービス市場法　17
金融債　80
金融商品仲介業　159, 160, 175, 176
金融商品取引業者　149, 192
金融商品取引法　3, 4, 149, 192
金融仲介機能　7
金融ビッグバン　32, 33
金利変動リスク　167
グラス・スティーガル法　19
グリーンシート銘柄　73, 74
継続開示　113, 185

契約型投資信託　106
委託現先　98
自己現先　98
原資産　121, 125-127, 131
現物先物取引（現先取引）　97
公開買付（TOB）　184, 186, 187
公開価格　44, 45
公共債　77
　　地方――　80
公社債　77
　　――店頭取引　91, 95
　　――店頭売買参考統計値制度　95
　　――取引所取引　91, 94
　　――発行市場　83
　　――流通市場　91
公募増資　38, 39
公募入札方式　85
効率的フロンティア　201
効率的ポートフォリオ　201
国債　78

〈サ　行〉

債券　77
債券レポ取引　100
裁定取引　120, 123, 124
サブプライム・ローン　22, 142
財務代理人（FA）　86
債務担保証券　135
先物取引　120-123
指値注文　49, 50
サービサー　134
サムライ・ボンド　82
ザラバ方式　50, 51
産業金融モデル　163
残余財産分配請求権　12
自益権　11
CAPM　→　資本資産評価モデル
CFD（差金決済取引）　129
CFP　177, 178
CMO（不動産抵当証券担保債券）　136
CMBS　→　商業用不動産担保証券
時間の分散　168

時間優先の原則　49-51
事業債　81
仕組債　81
自己責任原則　164, 181-183
資産管理型営業　153
資産選択の基準　165
資産担保証券　135
資産の分散　168
J-REIT　136
市場型間接金融　132
市場型金融モデル　163
市場型取引　6
市場期待収益率　203
市場三原則　28, 31
市場の分裂　19, 20
システマティック・リスク　203
　　非――　203
CDS（クレジット・デフォルト・スワップ）　129
CDO（債務担保証券）　135
品貸料　53, 123
ジニーメイ（連邦政府抵当金庫）　136
支配証券　11, 156
CBO（社債担保証券）　136
資本資産評価モデル（CAPM）　203
社債　81
　　――管理会社　86
　　新株予約権付――　81
　　特定――　81
シャープ　203
収益性　165, 166
集団投資スキーム　103
商業用不動産担保証券　135
ショーグン・ボンド　82
証券化　131
証券会社
　　――の登録制　32, 148
　　――の免許制　148
証券化商品　131
　　エクイティ型――　132
　　デット型――　133
　　パススルー型――　133

索引　209

　　ペイスルー型——　133
証券恐慌　29, 30
証券取引委員会（SEC）　19
証券取引所法
　1934 年——　19
証券法
　1933 年——　19
剰余金分配請求権　11
信託報酬　114
信用取引　53, 54, 122
信用補完　135, 141
　　内部——　141
　　外部——　142
　　スワップ　128
政府関係機関債　80
セキュリタイゼーション（Securitization）
　　131
全米市場システム（NMS）　20, 21
専門家運用　104
相場操縦の規制　190

〈タ　行〉

第三者割当増資　38, 39
貸借取引　53, 54
タイムリー・ディスクロージャー　186
大量保有報告書　187, 188
単一資格制　16, 17
地方債　80
長期保有　168
直接金融　6, 42
ディスカウントブローカー　153
ディーラー業務　150
適合性原則　182, 183
適債基準　86
ディスクロージャー制度　184
デフォルト　87, 129
デリバティブ　57, 119
投機取引　15, 26, 120
倒産隔離　141
投資銀行業務　155
投資者保護　182
投資収益率（ROI）　195

投資信託　103
　　会社型——（投資法人）　106, 108
特別目的会社（SPC）　134
特別目的事業体（SPV）　134
トランシェ　136

〈ナ　行〉

内部資金　8
内部統制報告書　186
成行注文　49, 50
南海泡沫事件　16
日銀特融　29, 32
NMS　→　全米市場システム

〈ハ　行〉

配当　195
配当利回り　58, 59
売買差益　195
バスケット取引　95
発行開示　113, 184
販売チャネル　116
販売手数料　114
PER　→　株価収益率
PKO　→　株価維持策
PTS（私設取引システム）　56, 148
PBR　→　株価純資産倍率
ファイナンシャルプランナー（FP）　173,
　　176, 177
ファイナンシャル・リスク　167
ファニーメイ（連邦住宅抵抗公庫）　137
FICO（信用情報）スコア　140, 142
フェニックス銘柄　73, 74
複利運用　168
不公正取引規制　188
ブックビルディング方式　44, 45
不動産投資信託（REIT）　108, 109, 136
プライマリーディーラー制度　85
フレディマック（連邦住宅金融抵当金庫）
　　137
プレミアム　125-127, 129
ブローカー業務　150, 152
分散投資　104, 197

ヘアカット条項　98
β　203
ヘッジ取引　119
ベンチャーキャピタル　64, 67
ポートフォリオ理論　199
ホールセール　150

〈マ　行〉

マーコヴィッツ, H.（Markowitz, H. M.）　199
マージンコール条項　99
ミューチュアルファンド　106
民間債　77
メーデー　21, 153, 169
目論見書　113, 184-186

〈ヤ　行〉

有価証券　1
　——届出書　185
　——報告書　184, 186
優先株式　38
優先劣後構造　136, 141
ユニバーサルバンク　148
ユーロ円債　82
401Kプラン　117

〈ラ　行〉

ライツ・イシュー　40, 41
利潤証券　11
リスク　140, 167, 195, 196
　——プレミアム　204
　カントリー——　167
　個別——　203
　為替変動——　167
　市場——　203
　信用——　129, 167
　流動性——　167
リスクフリー資産　201
リターン　195
利付債　77
リテール　150, 152
リプライシング　100
利回り　96, 195
リーマン・ショック　22, 33
流動性　166
利率　96
劣後株式　38
レバレッジ効果　120, 122
割引債　78

《執筆者紹介》

坂下　晃（さかした　あきら）
　1943 年　生まれ
　1967 年　立命館大学経営学部卒業
　　　　　日本証券業協会勤務
　　　　　常任監事，常務執行役（市場本部長，会員本部長）を経て
　2006 年　岡山商科大学経営学部教授，龍谷大学非常勤講師，
　　　　　（公益財団法人）日本証券経済研究所客員研究員
　2011 年　立命館大学非常勤講師
　【担当章】1, 9, 12, 13, 14

外島健嗣（そとじま　けんじ）
　1969 年　生まれ
　1997 年　近畿大学大学院商学研究科博士後期課程単位取得退学
　2008 年　大阪国際大学ビジネス学部准教授，近畿大学非常勤講師
　【担当章】2, 3, 4, 5, 6, 10

田村香月子（たむら　かづこ）
　1975 年　生まれ
　2003 年　大阪市立大学大学院経営学研究科博士後期課程修了
　2009 年　関西大学商学部准教授
　【担当章】7, 8, 11, 15

証券市場の基礎知識

| 2010年6月30日　初版第1刷発行 | ＊定価はカバーに |
| 2011年8月25日　初版第2刷発行 | 表示してあります |

著者の了解により検印省略	著　者	坂　下　　　晃
		外　島　健　嗣Ⓒ
		田　村　香月子
	発行者	上　田　芳　樹

発行所　株式会社　晃 洋 書 房

〒615-0026 京都市右京区西院北矢掛町 7 番地
　　　電話　075(312)0788番(代)
　　　振替口座　01040-6-32280

印刷　創栄図書印刷（株）
製本　（株）兼　文　堂

ISBN978-4-7710-2173-0

杉江 雅彦 編 **証券・金融市場の新たなる展開**	A5判 172頁 定価 2,310円
安孫子 勇一 著 **知っておきたい金融論** ――バブル後日本の金融の大きな変化――	A5判 262頁 定価 2,730円
丸茂 俊彦 著 **金融取引と銀行組織の経済理論**	A5判 244頁 定価 2,940円
神木 良三 編著 **現代日本の金融取引入門**	A5判 254頁 定価 2,835円
植田 宏文 著 **金融不安定性の経済分析**	A5判 288頁 定価 3,570円
森田 洋二・中島 清貴・相馬 利行・秦 劼 著 **日本のデフレと金融**	A5判 234頁 定価 3,570円
ジョン・ホング 著 **ファイナンシャルリスクマネジメントの理論と実証** ――アメリカコミュニティーバンクを実例として――	A5判 224頁 定価 2,940円
三井 哲・二村 和之 著 **新銀行論**	A5判 252頁 定価 3,570円
M. アグリエッタ・B. ジェソップほか 著 若森 章孝・斉藤 日出治 訳 **金融資本主義を超えて**	四六判 216頁 定価 2,520円
磯山 淳 著 **投資信託税制の理論と課題**	四六判 190頁 定価 2,100円

=============== 晃 洋 書 房 ===============